위험커뮤니케이션 총서 03

한국사회 위험특성과 한국인의 위험인식 스펙트럼

이 저술은 2011년도 정부재원(교육과학기술부 사회과학연구지원사업비)으로 한국연구재단의 지원을 받아 연구되었음(NRF-330-2011-1-B00228)

위험커뮤니케이션 총서 03

한국사회 위험특성과 한국인의 위험인식 스펙트럼

송해룡 · 김원제 지음

머리말

　　■ ■ "한국은 아주 특별하게 위험한 사회(risky society)다."

위험사회론을 주창한 울리히 벡은 한국사회를 이렇게 평가했다. 그의 지적이 아니라도 우리는 다양한 위험(risk)에 노출된 '위험한 세상'에 살고 있다. 이른바 '위험사회(risk society)'가 우리의 삶으로 들어왔다. 북한의 전쟁 위협, 신종 인플루엔자의 확산 우려, 불산 누출사고, 방송 및 금융기관의 전산대란 등 언론을 통해 드러난 한국은 무척이나 위험한 나라로 그려지고 있다. TV, 신문, 인터넷을 보면 한국 국민은 온통 위험에 휩싸여 있는 것 같고 급기야 전쟁도 곧 발발할 것 같다. 하지만 이러한 상황에서도 한국인의 일상생활은 대단히 평화로워 보인다. 위험요소 및 사건이 이렇게 범람하다 보니 어지간한 사건 소식에는 놀라지도 않는 '무감각 사회'가 되고 있는 모습이다.

이른바 '위험사회, 한국'이다. 근래 각종 재난 및 대형 사건사고의 지속적인 발생으로 그 어느 때보다 안전문제가 사회적 이슈로 부상하고 있다. 이러한 배경에서 2012년 국가과학기술위원회는 국민의 우려를 고려해 중점적으로 예방하고 관리해야 할 5대 재난 및 재해를 선정하였다. 국가과학기술위원회는 재난과 재해를 '광범위한 인명이나 재산적 피해를 야기하는 자연재해와 인적·사회적 재난'으로 개념화하고, 그 파급효과나 피해규모, 그리고 발생가능성을 고려하여 '자연재해(태풍, 호우, 홍수 등)', '원전 안전(원자력 발전 및 기술)', '신·변종 전염병', '환경오염 사고', '사이버테러' 등 다섯 가지로 분류하여 제시하였다.

여기서 우리가 주목해야 할 것은 5대 재난 및 재해 중 자연적 재난 및 재해보다는 기술환경이 잉태한 위험이 훨씬 더 많다는 점이다. 기술문명이 발전할수록 물질적인 풍요는 늘어날지 모르지만 정작 우리의 삶은 점점 불안하고 위태롭고 피폐해지는 상황이 전개되고 있다. 새로운 지식정보를 기반으로 현대사회가 날로 복잡해지고 있으며, 이러한 복잡성 안에서 인간의 삶의 질을 위협하는 위험요소가 빠른 속도로 증가하고 있는 것이다. 이에 위험사회는 기회와 위해가 동시에 존재하는 이중적이고 복합적인 사회로 정의된다. 이러한 사회에서 위험은 무작위적, 우발적인 것이 아니라 고도로 구조화된 것이며 근대화의 내재적 결함에 의한 것으로 진단된다.

위험과 관련하여 우리에게 닥친 가장 심각한 문제는 이러한 위험원들이 과거보다 더 심각하게 다가오고 있으며, 향후 우리 사회의 위험성을 심화시킬 개연성도 높다는 것이다. 인류문명이 발전할수록 물질적으로는 풍요해지고 있지만, 역으로 우리의 삶은 점점 불안하고 위태롭고 피폐해지는 상황을 목도하고 있음이다.

무엇보다 과학기술적 재난이 생활재난을 잉태하고 촉발하는 상황에 이르고 있다. 원자력 등 과학기술이 촉발하는 X-event가 '먹거리 위험'이라는 생활 위험을 촉발하는 경우가 심각하게 부상하고 있다. 예컨대 일본의 후쿠시마 원전재난의 경우 방사능 직접 피폭이라는 위험도 있지만, 방사능물질의 식품혼입으로 인한 공포감이 더욱 커지고 있는 상황이다. 결국 과학기술적 재난(Big risk)이 생활 위험, 즉 먹거리 위험을 잉태함으로써 우리에게 알려지지 않은 대상에 대한 더욱 많은 공포감과 혼란을 줄 수 있게 된 것이다. 이처럼 위험은 우리네 삶에 일상적으로 자리한다.

2008년 미국산 쇠고기 논쟁이 촉발한 광우병−촛불정국은 위험 이슈에 대한 국민저항이 거대한 흐름으로 나아갈 수 있음을, 국가사회적 혼란을 잉태할 수 있음을 강력히 시사한다. 광우병과 같은 사회적 위험 이슈에 대한 불확실성과 통제 불가능한 위험성에 대한 공포가 확산되면 대중은 당면한 위험에 대해 직관적 판단에 따라 '분노'라는 형태로 감정을 표출하게 된다는 것을 확인시켜 주었다. 따라서 우리 사회가 적절한 위험관리를 해내거나 정치적 순기능을 활용해 대중적 분노를 제어하지 못하면, 위험담론은 국가시스템에 대한 총체적 불신으로 이어질 수 있음을 예측할 수 있다.

우리가 직면하고 있는 재난 및 재해의 대부분은 과학기술의 직접적 산물이거나, 과학기술과 연관되어 있다. 또한 현대사회의 위험은 발달된 과학기술 그 자체가 아니라 과학기술의 발전을 끊임없이 위험사회로 연결시키는 의사결정 과정이 원인으로 작용하기도 한다. 그러나 과학기술이 추동하는 문제는 정책입안자들의 단순한 정치적 합의에 의해 해결될 수 없다. 합의의 대상이 아니라 신뢰를 통해서 과학자와 대중이 함께 풀어나가야 할 문제인 것이다.

이 저서는 한국사회의 위험특성과 한국인의 위험인식 스펙트럼을 조망하기 위해 기획되었다. 크게 세 가지 주제로 구성되는데, 첫째, 한국사회의 대표적 위험 현상 및 사례분석을 통한 '위험한국'의 특성 규명, 둘째, 전국 서베이 결과 분석을 통한 한국인의 위험인식 스펙트럼 분석, 셋째, '안전−안심 한국'을 위한 전략적 시사점(위험커뮤니케이션 활성화 기반 신뢰시스템 구축)을 축으로 한다.

[1부 위험사회 한국]에서는 '위험 한국'의 대표적 징후들을 살펴보는데, 2012년 7월 국가과학기술위원회가 선정한 국가사회적 대응이 시급한 다섯 가지 재난재해를 대상으로 위험특성을 규명한다. 그 대상으로는 자연재해, 원전 안전, 신·변종 전염병, 환경오염 사고, 사이버테러 등이 되겠다. 다음 위험 이슈가 사회적 갈등을 야기하는 맥락을 짚어보는데, 생활 위험 차원에서 2008년 광우병 위험과 촛불집회 사례를 분석한다. 과학기술 위험사례로 원자력 위험사례를 분석하는데, 국내외 사례분석을 통해 갈등국면에 대한 이해를 모색하고자 한다. 사례분석 대상으로는 충남 태안군 안면도 방사능 폐기물 처리장 사례, 전북 부안군 위도 방사능 폐기물 처리장 사례, 경북 경주의 방사능 폐기물 처리장 사례 등 국내 사례와 2011년 후쿠시마 원전사고 사례를 포함한다.

[2부 한국인의 위험인식 스펙트럼]에서는 다섯 가지 위험에 대해 우리 국민이 어떻게 인식하고 있는지를 파악하기 위하여 서베이 조사를 실시한 결과를 다각도로 분석한다. 우선 위험환경 관련 자연, 과학, 미디어 등에 대한 인식을 조사 분석한다. 다음 위험 일반에 대한 인식 및 태도 조사 분석으로, 위험별 심각성 인식 수준, 위험 관여도, 위험문제에 대한 태도, 위험문제 예방 및 해결에 대한 태도 등을 살펴본다. 또한 위험 관련 정보추구 행동으로서 미디어의 이용, 위험 관련 논의 대상 등을 살펴보고자 한다. 서베이의 핵심으로 위험 유형별 인식 및 태도를 조사 분석하는데, 각각의 위험을 대상으로 정보획득 경로·정보획득 미디어 유용성, 위험성 인식수준, 위험

인식 특성(위험인식을 나, 그들, 사회의 세 가지 차원에서 분석), 미디어 보도에 대한 태도, 제도 및 미디어 신뢰성 등으로 세분화하여 세밀하게 살펴보고자 한다.

[3부 '안전－안심 한국'을 위하여]에서는 1, 2부에서 진단한 '위험 한국'의 모습에서 '안전－안심 한국'으로 나아가기 위한 전략적 시사점을 도출한다. 우선 위험사회를 극복하기 위해서는 사회적 신뢰 시스템이 구축되어야 하는바, 그 수단으로서 위험커뮤니케이션의 역할을 조망한다. 커뮤니케이션 합리성 기반 참여민주주의가 구현되어야 하는 이유를 탐색한다. 세부 실천과제로서 국가, 시민사회의 역할 및 언론의 역할에 대해 제언한다.

이 저서는 한국사회에서 위험커뮤니케이션의 이론적 논의를 촉발하고 그 실체적 적용을 통해 '안전－안심 한국'의 조건 및 전략적 방향을 노색하고자 한다. 무엇보다 정부 당국자, 언론, 학계 등 다양한 이해관계자들이 위험커뮤니케이션의 중요성을 이해하고 위험사회의 전반적인 상황을 이해하는 데 도움을 제공하고자 한다. 이는 궁극적으로 위험 및 위험커뮤니케이션에 대한 사회적, 국가적 관심을 촉발, 잠재적 위험 혹은 실제 위기상황에서 유용한 지침으로 활용될 것으로 기대한다.

2014년 4월

송해룡·김원제

목 차

Chapter **1** | '위험사회', 한국

1 '위험 한국'의 대표적 징후들

2012년 7월 국가과학기술위원회(현 국가과학기술심의회)는 대한민국에서 빈번하게 발생하여 국민생활에 광범위하고 심각한 피해를 일으키는 폭우와 전염병, 사이버테러 등을 한국사회의 대표적인 재난·재해로 설정하고 그에 대한 과학기술적 투자전략을 수립하였다. 그 결과 도출된 '2013년 재난·재해 R&D 투자전략(안)'은 R&D와 관련한 재난·재해 개념과 세부 유형 분류를 최초로 정립하였으며, 이를 토대로 국내에서 발생한 재난·재해의 피해를 최소화하거나 방지를 할 수 있는 R&D 전략방향을 도출하였다. 국가과학기술심의회는 재난·재해에 대한 투자 전략을 지속적으로 향상시키고 있는데, 2013년 6월에는 '2014년 재난·재해 R&D 투자전략(안)'을 발표하였다. 이처럼 국민의 생명과 재산을 위협하는 다양한 재난·재해가 등장함에 따라 국가적 차원에서 해당 재난·재해에 대한 대처와 예방을 위해 관련 기술에 국가 예산을 반영하여 투자 효과를 최대화하려는 시도가 진행되고 있는 것이다.

2012년 국가과학기술위원회는 국내외에서 발생하고 있는 재난·

재해의 세부유형을 정리하였는데, 여기서 재난·재해는 광범위한 인명, 재산 피해를 야기하는 자연재화와 인적·사회적 재난의 두 가지 분류로 정의된다. 먼저 자연재해는 기상현상, 지각변동, 천체활동, 우주 기상과 같이 자연적인 요소에 의해 발생되는 재해를 의미하며, 태풍, 홍수, 호우, 강풍, 풍랑, 폭풍해일, 지진해일, 조수 등과 같은 재해가 포함된다. 인적·사회적 재난은 인위적 요소에 의해 발생되거나 그 파급 효과가 광범위하여 그 피해가 국가 기반체계 등 사회 전반에 미치는 재난을 의미하며, 감염병 유행, 가축전염병 유행, 폭발사고, 가스사고, 화생방사고 등이 포함된다. 이러한 재난 외에도 화산이나 우주 재해 등 현재에는 일어나지 않았지만 앞으로 발생할 수 있는 재난·재해도 포함되어 있다.

재난·재해의 유형

구분	세부유형
자연재해	태풍, 홍수, 호우, 강풍, 풍랑, 폭풍해일, 지진해일, 조수, 대설, 낙뢰, 가뭄, 지진, 황사, 적조, 우박, 폭염, 한파, 산사태/급경사지 붕괴, 화산폭발, 우주 재해
인적·사회적 재난	감염병 유행, 가축전염병 유행, 폭발사고, 가스사고, 화생방사고, 교통사고, 건축물붕괴, 에너지 기반시설 파괴, 정보통신 기반시설 파괴, 교통수송 기반시설 파괴, 보건의료시설 파괴, 폐기물처리시설 파괴, 용수기반시설 파괴, 화재, 산불, 환경오염 사고, 사이버테러

출처: 국가과학기술위원회(2012). 재난·재해 R&D로 꿈꾸는 안전한 대한민국.

재난·재해에 대한 범국가적인 대책 마련과 관련 기술에 대한 투자가 증가하고 있는 것은 재난·재해가 일상화되고 있다는 것이 가장 큰 요인이다. 또한 한번 재난·재해가 발생할 경우, 국지적으로만 피해를 주는 것이 아니라 다양한 영역에 걸쳐 피해를 주고 있으며 더 나아가 발생 양상과 피해 양상이 복합화, 대형화되고 있는 것도 재난·재해에 대한 관심이 증가하게 된 주요한 배경이라고 할 수 있다. 또한 사회가 고도화되고 예상치 못한 재난·재해의 발생 가능성이 커지고 2011년 발생한 일본의 '후쿠시마 원전 사태'와 같이 한 국가에만 영향을 미치는 것이 아니라 인접한 국가, 더 나아가 전 세계에 영향을 미치는 사건이 발생함에 따라서 현재 직면한 재난·재해 이외에도 지진이나 화산 폭발 등과 같은 미래형 신종 재난에 대한 관심도 중요해지고 있다.

이러한 배경에서 국가과학기술위원회는 5대 중점투자 분야를 확립하였는데, '태풍·호우·홍수', '원전 안전', '신·변종 전염병', '환경오염 사고', '사이버테러' 등이다.

'태풍·호우·홍수'가 선정된 것은 관련 재난·재해 유형 중에서 인명과 재산 피해를 일으키는 비중이 가장 컸으며 현재 변화하는 기후에 따라서 피해 규모가 대형화될 수 있는 가능성을 가지고 있다는 것이 가장 큰 이유라 할 수 있다. '원전 안전'은 설비 자체의 문제로 인한 사고뿐만 아니라 지진이나 테러 등의 다른 성격의 재난·재해로 인한 연계 사고 발생 가능성이 있기에 선정되었으며 '신·변종 전염병'은 국제 교류의 증가와 환경 변화로 인하여 대유행할 가능성이 있는 감염병이나 원인을 알 수 없는 감염병 등의 신·변종 감염병의 발생 가능성이 높아지는 상황을 반영한 것이라 할 수 있다. 또한 구제역이나 조류 독감 등과 같은 가축 유래 고병원성 인수공통전염병의 확산으로 인하여 피해가 늘어감에 따라 중요한 투자 분야로 선정되었다. 2007년 발생한 태안 기름 유출 사고를 비롯하여 매립장 유해물질 유출 사고 등 유해 물질로 인한 환경 노출이 심화되고 있으며 이에 따라 피해규모가 대형화되고 인체와 생태계에 미치는 피해가 장기화됨에 따라 '환경오염 사고'도 중요한 투자 분야로 선정되었다. '사이버테러'가 5대 중점투자 분야로 선정된 이유는 웜바이러스, DDos, 개인정보 유출 등 사이버테러로 인한 경제적·사회적 피해 규모가 더욱 커지고 있으며 원전이나 사회기반시설에 대한 공격이 있을 경우에는 그 피해를 예상하기 어려울 정도로 거대해질 수 있기에 선정되었다. 또한 스마트폰을 비롯한 모바일 기기의 사용이 급격하게 늘어남에 따라 사이버테러로 인한 피해 및 규모가 더욱 커질 것이라는 의견도 중요하게 작용하였다.

1. 자연재해

지구온난화로 위시되는 기후변화는 점점 거세고 빠르게 진행되고 있으며, 그로 인해 야기되는 자연재해 또한 점점 대형화되어 가는 추세이다. 재난 및 안전관리 기본법에 따라 자연재해는 "태풍, 홍수, 호우, 강풍, 풍랑, 해일, 대설, 낙뢰, 가뭄, 지진, 황사, 적조, 조수, 그밖에 이에 준하는 자연현상으로 인하여 발생하는 재해"로 정의된다. 특히 폭우와 폭설, 가뭄과 홍수 등의 자연재해가 지구 곳곳에서 반복적으로 나타나고 있으며, 각국의 최고·최저 기온은 매해 새로운 기록을 경신하고 있다. 기후현상은 더 이상 '유례없는', '기록적인'이란 단어들로 형용하는 것이 무색할 만큼 일상적인 것이 되어가고 있다.

자연재해에서 그 누구도 자유로울 수 없다. 이러한 현상은 전 지구적으로 나타나고 있으며, 그것의 크기와 세기의 예측이 힘들다는 특성을 가지고 있다. 가장 최근에 필리핀 중부지역을 강타한 태풍 '하이옌'은 대재앙이라 할 만한 피해를 가져왔다. 2013년 11월 현재 약 5,209명이 사망하고, 1,611명이 실종되었으며, 2만 3,500여 명이 다치고 40만 명 이상의 이재민이 발생한 것으로 집계되고 있다. 또한 해당 지역의 농작물이나 시설물 피해는 총 120억 페소(약 2,901억 원) 정도로 추정되고 있다(로이터, 2013). 이 외에도 2012년 10월 미국 동부를 강타한 허리케인 '샌디'는 100여 명의 사상자와 70조 이상의 경제적 피해를 가져 왔으며, 이 재난 상황은 당시 미국 대선에도 영향을 미친 것으로 평가된다(MBN, 2012).

(좌) 미국 허리케인 '샌디'와 (우) 필리핀 태풍 '하이옌' 피해 현장 모습

2013년 말 그리고 2014년 초 미국과 캐나다는 폭설과 강추위에, 호주는 폭서에 시달리는 등 지구촌 곳곳은 이상기온으로 인한 재난을 맞이했다. 하와이를 제외한 미국 전역과 캐나다 전체가 연일 영하권에 머물며 북미 일부지역의 체감온도가 영하 70도까지 떨어진 이상기온을 보였다. 기상 전문가들은 극지의 회오리바람을 한파의 원인으로 지목했는데, 미국에서만 최대 2억 명의 인구가 이 영향권에 든 것으로 추정되었다. 미국에 불어 닥친 한파로 2014년 1월 현

재까지 21명이 사망했으며, 4천여 편 이상의 항공기 운행이 중단되는 등 인적·재산 피해가 발생했다. 또한 지구 북반구에 러시아와 동유럽, 아시아 일부 지역도 기록적인 한파를 겪었는데, 특히 터키, 레바논 등의 중동 지역은 이례적인 폭설과 폭풍이 몰려와 국가기능이 마비되는 등의 혼란을 겪었다. 반면, 지구 반대편 남반구에 위치한 호주는 연일 40도를 넘나드는 살인적인 폭염을 겪었다. 극심한 더위로 인해 수백 건의 산불이 동시다발적으로 발생하였으며, 태즈메이니아 주는 산불로 전체 1%가 넘는 영토가 불에 탔고, 수백 채의 가옥이 산불로 파괴되고 1만 마리가 넘는 가축이 불에 타 죽은 것으로 집계되었다.

(좌) 강추위가 불어 닥친 '미국', (우) 폭염으로 인한 산불이 발생한 '호주'

우리나라 또한 여러 가지 이상기후 징후들을 경험하고 있다. 2012년 여름 한 달 동안 3개의 태풍(볼라벤, 덴빈, 산바)이 한반도를 통과하는 기현상을 겪었고, 2013년 여름에는 심각한 태풍들이 한반도를 빗겨가 태풍 피해가 없는 한 해를 기대했지만, 이른바 '가을 태풍'이 뒤늦게 발생했다. 또한 매년 기록적인 무더위나 한파가 찾아와 일상생활의 불편을 겪을 뿐만 아니라, 전력 소비량의 급증으로 인한 전력 대란의 위험은 개인뿐만 아니라 기업 나아가 국가 경제를 위협하고 있다. 2000년대 국내의 주요 자연재해 위험을 정리하면 다음과 같다.

▶ 집중호우를 동반한 태풍 '루사'(2002): 2002년 8월 30일부터 9월 1일 3일간 한반도를 지나간 태풍으로 강릉지역에 일일 최다강수량 870.5mm를 기록하며, 기상관측 이래 57,479억 원의 최대 재산피해액과 249명의 사망자 및 실종자 발생

▶ 강풍을 동반한 태풍 '매미'(2003): 2003년 9월 12일 발생하여 13일 한반도를 지난 중대형급 태풍으로 60.0m/s의 일일최대풍속을 기록하였으며, 강풍과 호우로 '루사'에 이어 역대 2위인 42,225억 원의 재산피해액 발생

▶ '가을장마'와 '광화문 일대 침수' 사태(2010): 2010년 9월 21일 추석연휴 시작 일에 발생한 가을장마로 서울 전역에 200mm 이상의 집중호우가 쏟아져 광화문 일대 도로가 침수된 사태

▶ 집중호우로 인한 우면산 산사태/강남 물난리 사태(2011): 2011년 7월 27일 수도권을 중심으로 시간당 100mm 이상의 집중호우가 내려 강남 일대 도로가 침수되는 등 물난리를 겪었으며, 우면산 산사태가 발생하여 인근 아파트 일부를 덮친 재해로 인재(人災)와 천재(天災) 사이의 논란을 가져온 사태

▶ 폭염으로 인한 '대규모 정전사태'(2011): 2011년 9월 15일 오후 늦더위가 기승을 부리면서 전력 수요가 한꺼번에 몰려 전력예비율이 급격히 떨어지자 전력거래소가 30분 단위로 지역별 순환정전을 감행하여, 서울시내와 수도권 등 기타 지역 도심 및 농촌 지역 곳곳에서 예고 없는 정전 사태가 발생. 이로 인한 기업들의 업무 마비 및 일대 사회적 혼란을 겪음

이렇듯 기후변화로 인한 재난·재해는 매해 산발적이지만 지속적으로 증가하고 있다. 자연재해로 인한 우리나라의 피해 규모는 1990년대 약 7,000억 원에서 2000년대에는 약 2조 3,000억 원으로 3배 이상 증가하였고, 이러한 추세는 더욱 가속화되어 2100년에 이르면 기상이변에 의한 경제적 피해가 세계 GDP의 약 4~20%에 이를 것으

로 예상하고 있다(SERI, 2010). 많은 기상학자들은 지구 곳곳에서 발생하고 있는 이러한 기후변화의 추세는 더 이상 '이상(abnormal)' 기후현상이라기보다는 '뉴 노멀(new normal)'의 시작이라고 지적한다(MK 뉴스, 2012). 다시 말해서, 자연재해로 인한 피해 빈도의 증가와 피해 규모의 확대가 앞으로는 일상화될 것이라는 예견이다.

이런 기후 변화는 연평균 기온과 강수량의 변화를 통해 직접 확인할 수 있다. 기상청의 '재해연보 2012'에 따르면, 지난 100년간 전 지구가 연평균 0.75℃ 상승한 데 반해, 우리나라는 연평균 1.8℃가 상승했다. 또한 1971년부터 1980년까지는 평균 1,267.1㎜ 연강수량을 보인 반면, 2001년부터 2010년까지의 평균 연강수량은 연평균 1,407.6㎜로 상승했다. 하지만 강수일수는 같은 기간 18% 감소하여, 우리나라의 경우 빈도보다는 강수의 강도가 증가했음을 알 수 있다. 연평균 기온의 상승과 강수량의 증가가 보여주듯, 우리나라의 기후 변화는 지속적이며, 그 심각성 또한 경시할 수 없는 실정이다.

2012년 재해연보(소방방재청·중앙재난안전대책본부)에 따르면, 최근 10년간(2003~2012년) 자연재해로 인한 사망자가 총 426명으로 해마다 57.635명이 태풍이나 호우 또는 강풍 등으로 인해 사망했음을 알 수 있다. 이 중 호우로 인한 사망자는 전체 214명으로 50%를 차지하고 있으며, 뒤이어 태풍으로 인해 186명(44%)의 사망자가 발생하였다.

기상재해는 인명피해뿐만 아니라, 호우로 인한 주택이나 자동차 침수, 제방 붕괴나 산사태로 인한 토양 침식 등의 재산피해를 가져온다. 동 기간 내 재산피해액을 살펴보면, 최근 10년간 총 재산피해액은 14조 1,959억 원으로, 한 해 평균 2조 8,391억 원의 재산피해가 발생하였다(2012년 환산 가격 기준). 태풍으로 인한 피해액이 7조 8,932억 원으로 추산되어, 전체 피해액의 약 54.36%로 절반 이상을 차지하고 있으며, 호우로 인한 피해액은 4조 4,430억 원에 달한다 (기상청, 2012).

국가태풍센터에 따르면, 2002년 8월 31일부터 9월 1일까지 발생한 태풍 루사가 기상관측 이래 가장 많은 재산피해를 발생시킨 것으로 나타났다. 태풍 루사는 56.7m/s에 달하는 최대순간 풍속(역대 4위)과 함께, 강릉에 870mm의 일일 최대 강수량(역대 1위)을 기록했다. 거센 바람과 함께 이른바 '물 폭탄'이라 불리는 폭우를 동반한 태풍으로 124명이 사망하고 60명이 실종되었으며, 2만 7,619세대 8만 8,625명의 이재민이 발생하는 등 인명 피해가 컸다. 또한 건물 1만 7,046동과 농경지 14만 3,261헥타르(ha)가 물에 잠기고 전국의 도로·철도·전기·통신 등 주요 기간망이 붕괴되거나 마비되어 2013년 환산가격기준으로 총 5조 1,479억 원이라는 역대 최대의 재산 피해를 가져왔다(한국경제TV, 2013).

또한 자연재해 복구로 인한 정부차원의 국고 손실도 점차 증가하고 있다. 소방방재청·중앙재난안전대책본부는 지난 10년간(2003~2012년) 자연재해 피해에 따른 2012년 가격기준 총복구액이 24조 274억 원에 이른다고 보고했다. 즉, 한 해 평균 2조 4,027억 원을 자연재해로 인한 피해를 복구하는 데 사용한 것으로 나타났다. 복구액을 연도별로 살펴보면, 2003년 발생한 강력한 태풍 '매미'로 인해 4조 2,225억 원의 엄청난 규모의 재산 피해가 발생하였고, 2006년에는 태풍 '에위니아'와 집중호우로 인한 재산피해가 약 1조 8,344억 원이 발생하는 등 그 규모는 예측할 수 없을 정도로 컸다.

자연재해는 엄청난 사회적 비용을 지불하게 한다

　여기서 좀 더 주목해야 할 점은, 피해액보다 복구액이 더 크다는 사실이다. 다시 말해서, 일단 피해가 발생하고 난 이후에는 피해 현장을 원래 상태대로 복구하는 데에 피해의 정도보다 더 많은 비용을 필요로 한다는 것이다. 연간 피해액과 복구액을 비교해보면, 총피해액이 14조 1,959억 원인데 반해, 복구액은 24조 274억 원으로 피해액 대비 약 169%의 복구비용이 요구된다. 따라서 자연재해는 일단 발생하고 난 후에는 복구하는 데 드는 사회적 비용과 그로 인한 물리적 또는 심리적 피해를 고려하였을 때, 피해를 최소화할 수 있는 보다 정확하고 철저한 재난재해 대비 시스템 마련이 요구되고 있다.

　이상기후 및 자연재해는 인명·재산 피해의 1차적 피해 외에도 토양오염이나, 국가 경제 손실 등의 2차적인 피해로 이어지고 있다. 매해 반복되는 무더위와 한파는 국민들의 전력 소비 증가를 불러왔다. 최근 정부가 전력 수급에 실패함에 따라 블랙아웃(대정전)을 막기 위해 최근 2년 동안 6조 원이 넘는 엄청난 비용을 지출한 것으로 나타났다(뉴시스, 20313). 이로 인한 전기세 인상 등의 문제들로 인해 국민과 국가 경제에 직접적인 손실을 가져오고 있다. 따라서 기후변화는 정부뿐만 아니라, 개인 및 지역사회, 기업에 다양한 위협으로 나타난다. 이를 보다 자세히 살펴보면, 보건·건강 위험, 전력 소비증가, 사회 인프라 손실, 소비자의 기호 변화, 식량·원자재 가격 상승, 불규칙한 패턴 확산 등 다양한 형태로 우리 생활에 영향을 미칠 수 있다는 것이다(삼성경제연구소, 2013). 특히 기업은 기후변화에 따라 기업의 수익과 손실에 집적적인 영향을 받을 수도 있기 때문에 각 기업들은 기후변화에 따른 경영관리 시스템을 재정비하고 있다.

과학이 발달함에 따라 기상예보시스템 또한 고도화되어 가고 있지만, 기상재해가 가져올 수 있는 피해의 정도를 예측하는 것은 여전히 매우 어렵다. 우리는 '2011년 후쿠시마 원전사고'를 통해 자연재해가 어느 정도의 2차적 피해를 가져올 수 있는지 목도하였다. 지진으로 인한 피해가 해일로 이어지고, 이것이 원인이 되어 원전 가동이 중단되어 방사능 누출 사고로 이어져 전 세계가 방사능 위험에 노출되었다. 따라서 자연재해에 대한 국가 주요시설 및 위험 지역의 체계적인 관리 및 대응 체계 마련의 필요성은 모든 국가들이 이미 공유하고 있다.

또한 우리 모두가 'End of Free Environment!(공짜환경시대의 종말)'라는 명제에 대해서 고민해야 할 필요가 있다. 즉, '그동안 누려왔던 아름다움과 기후와 환경이 더 이상 공짜가 아니라 어떠한 대가를 지불해야 한다'는 의식을 형성해야 한다는 것이다. 따라서 각 개인들은 기후변화와 함께 자연재해에 대한 위험인식을 높이고, 정부는 우리 산업이 보유한 IT기술이나 제조 경쟁력 등을 바탕으로 체계적인 대응시스템 마련에 주도적인 역할을 해야 한다(삼성경제연구소, 2010).

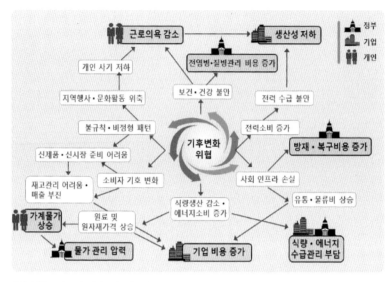

삼성경제연구소(2013), 가시화된 기후변화와 리스크 대응. CEO Information, 904.

기후변화 위협의 파급경로

2. 원자력 발전 및 기술 위험

체르노빌 사태 이후 최악의 원전사고로 기록된 후쿠시마 원전사고는 전 세계의 원전시설에 대한 위험인식뿐만 각국의 에너지 정책에 변화를 가져오고 있다(임성훈, 2011). 특히 일본과 지리적으로 가장 근접한 위치에 있는 우리나라의 경우 후쿠시마 원전사고 이후 원전의 안전성에 관한 의심뿐만 아니라 원전시설의 필요성에 대한 논쟁이 확산되고 있다(박방주, 2012). 또한 최근 원전시설 비리로 드러난 부적절한 부품 사용과 관리의 문제가 지속적으로 제기되면서, 원전안전에 대한 국민들의 관심과 우려가 증가하고 있다. 하지만 이상

기후로 인해 매년 여름과 겨울 전력소비가 급증함에 따라 정부는 전력수급조절에 어려움을 겪고 있다. 그러므로 원전 외에 특별한 대체에너지를 찾을 수 없는 현 상황에서 원전의 안정성에 대한 점검은 필수적이라 할 수 있다.

원전 사고는 인적·사회적 대재앙을 초래하는 위험

원전사고는 에너지 기반시설 파괴로 인한 인적·사회적 재난 상황이다. 본래 에너지 기반시설 파괴는 '발전소, LNG 저장시설과 같은 에너지 기반시설 등의 파괴나 수급차질로 인해 가정 및 각종 산업시설에 에너지 공급이 중단되는 사고'가 이에 속한다. 원전사고의 경우, 핵물질 및 방사선물질 등 인류의 생존을 위협할 만한 위험물질들을 포함하고 있기 때문에 그에 대한 정부 차원의 특별한 관리와 관련 학계의 연구를 통해서 조금 더 체계적이고 안전을 확실히 할 수 있는 관리시스템이 요구되고 있다.

우리나라의 경우, 다른 국가들과 비교해 보았을 때 원전보유 시설의 비율이 높은 것으로 나타나고 있다. 2013년 현재 국내 가동 중인 원전은 미국(100개), 프랑스(58개), 일본(50개), 러시아(33개)에 이어 세계에서 다섯 번째로 많은 원전을 보유하고 있다. 2013년 현재 국내에는 한울, 신월성, 월성, 신고리, 고리, 한빛 원자력발전소를 포함하여 총 23개의 원전이 가동 중이다. 또한 현재 신한울, 신월성, 신고리에 총 5개의 원전이 새롭게 건설 중에 있다(한국원자력산업회의).

한편, 원자력 시설의 파괴력과 위험성을 고려해 보았을 때, 우리나라의 지리적 위치에 따른 위험성도 고려해야 한다. 우리와 근접한 국가들의 원전시설을 살펴보자면, 일본은 현재 가동·정지·건설·계획 중인 원전을 포함하여 총 62개의 원전시설을 보유할 예정이다. 또한 중국은 29개의 원전시설을 건설 중에 있으며, 앞으로 46개의 원전을 추가로 건립할 것으로 발표되어 향후 총 93개의 원전시설이 들어설 것으로 추정된다(한국원자력협의회). 따라서 우리나라는 국내 원전을 포함하여 약 180여 개에 달하는 원전에 둘러싸이게 되는 결과를 낳는다. 체르노빌과 후쿠시마 원전사고의 파괴력을 경험하였듯이 원전시설 사고는 근접 국가들을 위협하는 요소 중 하나가 될 수 있다.

세계 원전시설 보유현황

국가명	운전	정지	건설	계획	합계
미국	100	0	3	19	122
프랑스	58	0	1	1	60
일본	50	1	2	9	62
러시아	33	0	10	6	49
대한민국	23	0	5	4	32
인도	21	0	6	27	54

캐나다	19	0	0	0	19
중국	18	0	29	46	93
영국	16	0	0	0	16
우크라이나	15	0	2	0	17

출처: 연합뉴스(2013.10.08). 국내 원전 가동중단 건수. 원자력안전위원회.

반면, 국내 원전시설에 대한 국민들의 위험인식은 빈번하게 발생하는 국내 원전가동 혹은 중단 사고에 기인한다. 원자력안전위원회(2013)가 제출한 '국내 원전가동 이후 발생한 사고·고장 현황' 자료에 따르면, 1978년 가동을 시작한 국내 원전은 지난 35년간 사고·고장으로 인해 672차례 가동이 중단(2013년 10월 현재)된 것으로 나타났다. 시설별로는 국내 최초의 상업용 원자로인 고리 1호기가 192건으로 가장 높은 사고율을 보였다. 지역별로는 고리 1호기가 포함된 고리 지역 원전기가 286건으로 가장 많았고, 이어 영광 154건, 울진 117건, 신고리 11건, 신월성 4건 순으로 나타났다. 이러한 사고·고장 현황에서 주목해야 할 점은 원전폐로가 3년 남은 고리 원전뿐만 아니라, 가동 3년 미만인 원전에서도 가동중단 사태가 발생하였다는 것이다. 고리 1호기는 10년 수명연장을 받은 후 가동되고 있지만, 2010년부터 2013년 4월까지 3년간 원전 중단 수는 47건이었고, 이중 가동 기간이 3년 미만인 신고리 1호와 신고리 2호, 신월성 1호도 각각 2~9차례 가동 중단되었다. 이러한 사실은 우리가 원전의 노후화 대책에 더 큰 관심을 가지고 있었지만, 최근에 건설된 원전시설 또한 문제점을 드러내고 있다는 것은 우리나라 원전시설 건설과 관리체계에 대한 근본적인 점검이 필요함을 시사한다.

출처: 연합뉴스(2013.10.08), 국내 원전 가동중단
건수, 원자력안전위원회.

국내 원전 가동중단 건수

원전시설의 위험성은 2011년 후쿠시마 원전사고를 통해 직접 확인할 수 있다. 일본 대지진으로 인해 야기된 후쿠시마 원전사고는 사망자 수 1만 58,880명, 실종자 2,694명, 부상자 6,135명이라는 엄청난 인명피해를 가져왔다. 국제 원전사고평가척도(INES)에 따라 직접적인 피해액 규모는 16조 9,000억 엔에 이르는 것으로 추산되며, 발생 이후 2년 이상의 시간이 흐른 지금까지도 그 피해의 범위와 규모는 계속해서 확대되고 있다.

일본 정부기구인 원자력규제위원회는 국제 원전사고평가척도(INES)에 따르면 사고 발생 직후인 2011년 4월에는 방사성물질 대량 유출 및 생태계에 심각한 영향이 초래되고 있다고 판단하여, 가장 높은 7등급 '대형사고'로 평가했다. 이후 2013년 8월 19일 1등급 수준의 안전상의 경미한 문제로 등급을 조절했지만, 평가에 대한 논란 이후 2013년 8월 21일 기존의 1등급으로 잠정 평가했던 후쿠시마 제1원전 방사능 오염수 유출 사고 등급을 2단계 상향한 3등급 '중대한 이상 형상'으로 재평가하였다. '중대한 이상 현상'은 원전 종사자들의 심각한 피폭과 예기치 않은 지역의 심각한 방사능 오염 그리고 원자력발전소 인근에서의 사고 등이 이에 해당한다. 이는 여전히 피해가 심각한 수준에 머물러 있음을 알 수 있다.

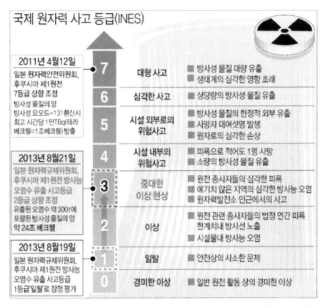

출처: 연합뉴스(2013.08.21), 국제 원자력 사고 등급, 국제원자력기구, 일본 원자력 규제위원
회 참고.

국제 원자력 사고 등급

　최근 원전시설에 관한 또 다른 논쟁으로 '밀양 송전탑 건설'과 관련하여 한국전력과 해당 주민과의 첨예한 갈등이 지속되고 있다. 경상남도 밀양시에 건설 중인 송전선 및 송전탑은 765킬로볼트(KV)의 고압선으로 울산 신고리 원자력발전소 3호기에서 생산된 전력을 창녕군 북경남 발전소로 수송하는 중간기지 역할을 맡게 된다. 밀양의 일부 주민들과 환경단체들이 송전탑 건설에 반대하는 이유는 송전탑 고압 전류의 전자파가 어린이 백혈병, 암 또는 백내장 발병률을 높이는 등의 인체에 유해한 영향을 줄 수 있다는 것이다(연합뉴스, 2013). 하지만 한국 전력은 인체유해설은 의학적으로 증명된 바

가 없는 근거 없는 주장이라는 입장을 취하고 있다. 또한 송전탑을 새롭게 건설하지 않더라도 다른 경로를 통해 수송이 가능하다는 주민들의 주장과 앞으로 전력난이 심각해질 것을 고려하여 밀양 송전탑 건설은 불가피하다는 한국전력의 주장이 팽팽히 맞서고 있는 상황이다. 이러한 논쟁이 장기화되면서 해당 주민 중 한 명이 목숨을 끊는 등 주민과 정부 간의 갈등이 악화되고 있다.

밀양 송전탑 건설 반대 시위 현장 모습

원자력 시설과 관련된 문제들은 원전시설과 핵폐기물 처리시설의 안정성, 전력난 문제, 송전탑 건설, 일본 방사능 문제와 같이 수많은 사회적 논쟁과 갈등을 양산하여 왔다. 2000년대 국내의 주요 원자력 발전 및 기술 위험을 정리하면 다음과 같다.

▶ 지속적인 국내 원자력발전소 사고·고장(1978~2013): 원자력 안전위원회에 따르면 1978년 국내 원전 가동 이후 2013년 4월까지 총 672건의 사고·고장이 발생한 것으로 보고되었으며, 이러한 잦은 사고·고장은 원전시설 안전성에 대한 국민의 신뢰를 저하시키는 주요 요인으로 작용

▶ 부안 핵폐기장 반대시위(2003~2004): 전라북도 부안군이 위도에 방사성폐기물 처리장 유치 신청서를 단독 제출하여 부지로 선정되었으나, 지역 주민의 격렬한 시위 및 폭력사태가 발생하면서 부지 선정이 무산됨. 위험시설의 입지와 관련하여 지역 주민과의 커뮤니케이션을 통한 합의 도출의 어려움과 필요성을 일깨운 일련의 사태

▶ 밀양 송전탑 사건(2007~2014): 경상남도 밀양시에 울산 신고리 원자력발전소 3호기에서 생산한 전력을 창녕군의 북경남변전소로 수송하는 역할을 맡게 될 765킬로볼트(kV)의 고압송전선 및 송전탑의 위치 선정에 대해 지역 주민과 한국전력 사이에 벌어진 일련의 분쟁으로 지역 주민의 분신 및 음독자살이 이어져 해당 지역뿐만 아니라 국가·사회적 갈등 상황으로 전개

▶ 동일본 대지진 및 후쿠시마 원전사고(2011): 2011년 3월 11일, 일본 도호쿠 지방 앞바다 지진과 그로 인한 쓰나미가 발생해 3월 12일 후쿠시마 제1원자력발전소의 냉각 시스템 고장으로 이어져 방사성물질이 누출되는 사고가 발생. 이 사고는 일본뿐만 아니라 한국과 중국을 비롯한 전 세계가 방사능 위험에 노출된 대재앙으로 기록됨

▶ 고리 1호기 정전사고 은폐사건(2012): 국내 가장 오래된 원전인 고리 1호기에서 전원공급이 중단되는 대형사고가 발생했지만 한 달 넘도록 사고를 은폐한 것으로 드러난 사건. 이 사건을 계기로 수명연장에 들어간 고리 1호기를 폐쇄해야 한다는 목소리가 높아졌으며, 사고에 대한 책임으로 당시 한국수력원자력 고리원자력본부 직원 5명이 불구속 기소되었음

▶ 원전 비리 사건(2013): 원전부품 제조업체들이 수년간 원자력발전소의 부품 납품과정에서 품질기준에 미달하는 부품들의 시험성적을 위조하여 한국수력원자력에 납품한 것으로 적발된 사건

▶ 후쿠시마 원전사고 이후 '방사능 오염 먹거리' 공포(2011~현재): 2011년 원전사고 이후 방사능 오염 먹거리에 대한 우려가 계속되고 있음. 특히 인터넷과 SNS를 통해 방사능 오염에 대한 괴담이 확산되고 있으며, 정부의 수입제한 조치에 대한 불신 및 불만이 지속적으로 제기되고 있음. 최근 교육청들이 대기용 측정기로 학교 급식재료의 방사능 오염 여부를 측정해 왔다는 사실이 밝혀짐에 따라 국민의 '방사능 오염 먹거리'에 대한 공포가 증대되고 있으며, 방사능으로부터 안전한 학교급식조례를 제정하자는 움직임이 확산되고 있음

(좌) 무용지물로 밝혀진 방사능 측정기, (우) '방사능으로부터 안전한 학교급식조례' 제정 운동

3. 신·변종 전염병

최근 '연가시', '감기' 등 신·변종 전염병을 소재로 한 재난영화들이 많은 관객들을 동원하고, 인수공통감염병을 소재로 한 '28일'이라는 소설은 베스트셀러에 올랐다. 이러한 전염병을 소재로 한 콘텐츠가 점차 증가하고 있는 것은, 과거 허무맹랑한 픽션이라고 생각했었던 신·변종 전염병이 이제 '일어날 수도 있는' 실현가능한 이야기라는 사람들의 인식 변화로부터 기인한다. 또한 우리는 최근 국내외 여러 사례를 통해 신·변종 전염병의 발생가능성과 그에 따른 파급력을 여러 차례 경험하였다.

2003년 홍콩과 중국 등에서 유행하여 약 916명의 사망자를 낸 코로나 바이러스의 신종인 사스(SARS: 중증급성호흡기증후군), 2009년 4월 미국과 멕시코 등 북미대륙에서 유행하여 전 세계적으로 확산됨으로써 세계보건기구(WHO)에서 '대유행(pandemic)'을 선언, 약 1만 8,000여 명의 목숨을 앗아간 신종인플루엔자, 2012년 9월 중동 일부국가에서 발견된 사스와 유사한 11번째 신종 코로나 바이러스 등은 사람 간의 접촉으로도 감염될 수 있는 신·변종 바이러스이다.

우리 사회는 과거 대다수의 국민들에게 불안과 걱정을 안겨준 사스와 신종인플루엔자의 공포를 기억하고 있기 때문에 매번 신·변종 바이러스가 미디어를 통해 보도될 때마다 사스나 신종인플루엔자 공포가 재현되는 것이 아닌가 하는 우려를 자아냈다.

사실 인류의 역사는 전염병의 역사와 불가분 관계라 할 수 있다. 19세기에는 전사자 수보다 전염병으로 인한 사망자 수가 더 많았으며, 전염병이 전쟁의 흥패를 가르는 원인이 되기도 하였다(국방일보, 2013). 따라서 전염병은 인류 또는 각국에서 매우 중요한 관리의 대상이 되어왔다.

전염병이라는 것은 '바이러스, 세균 등이 사람 체내에서 번식하여 질병을 발생시키는 것으로, 병원체가 직접 또는 매개체를 이용하여 타인에게 전파된 후 병을 일으키는 질환'을 말한다(전병율, 2009). 과거에는 전 세계적으로 전염병에 의한 사망자가 많았으나, 20세기에 들어오면서 백신 사용이 가능하고, 항생제가 개발되어 전염병으로 인한 사망자들이 감소하였다.

과거 인류의 가장 큰 재앙으로 꼽는 것 중 하나가 '천연두'이다. 20세기에만 3억~5억 명 이상이 천연두로 목숨을 잃었다. 이후 세계보건기구(WHO)는 1980년 마침내 천연두가 종식되었음을 선언하며, 인류는 천연두의 공포에서 벗어날 수 있었다. 이러한 백신의 보급과 항생제의 증가 추세에 따라서 전염병에 대한 견해는 낙관적이었다. 1963년 영국의 저명한 의사이자 인류학자였던 아이단 콕번(Aidan Cockburn)은 "우리는 곧 전염병으로부터 자유로워질 것이다. 주요 전염병들은 머지않아 사라질 것이다"라고 주장했다. 하지만 이런 전염병에 대한 전문가들의 낙관론도 얼마 지나지 않아, 새로운 신종 전염병과 마주해야 했다. 1980년대 이후 신종 전염병의 출현으로 감염질환 환자가 다시 증가하기 시작하였다. AIDS, 중증급성호흡기증후군(Severe Acute Respiratory Syndrome: 일명 SARS)과 조류 인플루엔자 등 수많은 신·변종 전염병이 등장하였고, 이러한 추세는 빈곤국뿐만 아니라 선진국에서도 동일하게 증가하고 있다.

전병율(2009)은 전염병이 다시 전 세계적으로 증가하는 원인을 다음과 같이 설명하고 있다. 첫째로 이동 수단의 발달과 함께 인구이동의 용이해짐에 따라 사람들의 국가 간 이동이 많아지고 있다. 매년 약 10억 명이 넘는 관광객이 해외로 이동하고 있으며, 이에 따라 전염병의 국가 간 이동이 훨씬 더 증가하고 있다는 것이다. 우리나라에서 중증급성호흡기증후군이나 구제역, 신종플루와 같은 신종 전염병의 감염경로 또한 해외관광을 통해 유입된 경우가 대부분이다.

두 번째로 인구증가에 따른 인구학적 변화가 전염병의 증가 원인 중 하나라 할 수 있다. 우리나라를 포함한 많은 국가들이 인구의 도심 집중 현상을 겪고 있는데, 인구밀도가 높은 국가에서는 전염병 통제가 더욱 어렵다는 것이다. 또한 이러한 인구증가는 빈국들을 중심으로 더욱 강하게 나타나는데, 빈국의 경우 국민 위생 또한 낮은 수준에 머물러 있는 경우가 많기 때문에 전염병의 출현과 이동에 더욱 취약하다.

마지막으로 기후변화가 또 다른 원인이 될 수 있다. 전 세계적으로 연평균 기온이 상승하고 있으며, 이로 인해 열대 및 아열대 지역이 넓어지고 있다. 이 지역은 전염병의 매개체로 작용하는 곤충들이 서식하기 좋은 조건을 형성하고 있다. 따라서 곤충들의 서식지가 확대됨에 따라 말라리아, 뎅기열 등의 발생도 늘어나고 있다. 2013년 여름 일명 '살인진드기'라 불리는 작은 소참진드기가 국내에 창궐하게 된 것도 바로 아열대 기후의 영향으로 볼 수 있다. 살인진드기로 인한 국내 감염자 수가 29건 보고되었고, 이 중 13명이 사망하는 등 45% 치사율을 보인 이 질병 또한 신·변종 전염병의 위험성을 다시 한 번 보여준 사례라 할 수 있다.

질병관리본부(2012)의 국내 감염병 발생 현황 보고에 따르면, 20세 기에 꾸준히 감소하던 감염병으로 인한 사망자는 2000년대 들어서 증가 추세로 전환되었다. 자세히 살펴보면, 2008년 이후 감염병 발생은 인구 10만 명 당 100명 이상으로 보고되고 있다. 2012년 국가 감염병감시시스템(NIDSS)을 통해 전수감시대상 51종의 법정 감염병 중 총 32종의 감염병이 신고되었고, 신고 환자 수는 총 51,518명으로 2011년 58,018명 대비 11.2% 감소했다.

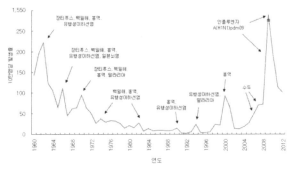

연도	1960	1970	1980	1990	1995	2000
10만 명당 발생률	143.4	94.9	21.5	14.6	3.6	93.9

2005	2006	2007	2008	2009	2010	2011	2012
27.7	48.1	71.1	72.8	1,502.6	192.4	114.6	101.3

출처: 보건복지부·질병관리본부(2012). 2012년 감염병 감시연보 참고.

연도별 감염병 발생 추이

특히 이 보고서에서 주목할 점은 제4군감염병에 해당하는 전염병의 증가라 할 수 있다. 제4군감염병은 "국내에서 새롭게 발생하였거나 발생할 우려가 있는 감염병 또는 국내 유입이 우려되는 해외 유행 감염병"으로(전염병 예방법 2조 1항), 뎅기열, 중증급성호흡기증후군(SARS), 조류인플루엔자 인체감염증, 신종인플루엔자 등이 이에 해당한다. 2012년 보고된 감염병 중, 해외유입 특히 동남아시아 여행객에 의한 뎅기열이 2011년 72건에서 2012년 149건으로 보고되어 전년대비 104% 증가율을 보였다. 또한 2007년 웨스트나일열이 법정관리 전염병으로 지정된 이후 국내에서 첫 발생이 보고되었다는 것도 앞으로 주의해야 할 것 중에 하나이다.

우리나라의 신종 전염병에 대한 국민들의 우려가 높았던 사례로는 2009년 전 세계적으로 창궐했던 신종플루(A/H1N1)가 있다. 이 질병의 경우 발생 초기에는 일명 돼지인플루엔자라고 불리었다. 하지만 이후 세계보건기구에서는 돼지와 관련된 직접적인 증거를 찾을 수 없다고 해서 신종 인플루엔자로 명칭을 변경하였다. 이 신종 감염병은 사람·돼지·조류 인플루엔자 바이러스의 유전물질이 혼합되어 있는 것으로 추정되고 있다. 2009년 4월 신종플루의 확산과 함께 전 국민적으로 '손 자주 씻기'와 '마스크 착용'의 열풍이 일었다. 신종플루로 2009년 전 세계의 1만 8,000명이 사망한 것으로 나타났고, 국내에서도 동 기간에 270명의 사망자가 보고되었다(doctor's news, 2013). 지속적으로 사망자가 발생하면서, 국내 미디어의 집중 보도와 '신종플루 괴담' 등이 사람들의 공포심을 확대시켰다. 신종 플루의 영향으로 '손 세정제' 등 위생상품의 판매량이 급증하고, 식품 판매량은 감소하는 등 시장경제에도 영향을 미쳤으며, 같은 기간

해외 관광객의 감소로 국가 경제에도 막대한 영향을 미쳤다.

신종플루 진료 모습(좌)과 손 위생상품의 품귀현상(우)

이렇듯 최근 전 세계적으로 유행하고 있는 전염병들의 공통점이라면, 대체로 '인수공통감염병(人獸共通感染病, zoonosis)'이라 할 수 있다. 인수공통감염병은 동물과 인간 간의 병원체가 서로 감염 가능한 것을 말하며, 특히 동물로부터 사람들에게 감염되는 경우가 많다. 현재 사람에게 전염되는 감염균과 바이러스의 80% 이상이 동물로부터 유래된 것으로 보았을 때, 가축 전염병의 관리도 매우 중요하다.

우리나라는 2000년대 들어, 가축전염병으로 인한 피해 규모가 확산되고 있다. 농림축산검역본부에 따르면, 2003년 국내에서 첫 발생한 조류 인플루엔자는 현재까지 총 112농가에서 561,436두수 감염이 보고되고 있다. 조류인플루엔자는 닭, 오리, 야생 조류 등 조류 동물 사이에서 발생하는 것으로, 병원성에 따라 고병원성과 저병원성 조류 인플루엔자로 구분한다. 고병원성 조류 인플루엔자가 발생한 경우 우리나라를 비롯한 대부분의 국가가 살처분하고 있으며, 발생 국가에서는 양계물을 수출할 수 없도록 조치하고 있다. 따라서 조류 인플루엔자가 발생할 경우, 해당 농가에 대한 보조금을 지급하고 있으며, 이후 농가뿐만 아니라 국가 경제에 심각한 영향을 초래하고 있다. 조류인플루엔자로 인한 국고 보조금을 살펴보면 2004년 305억 원, 2008년에는 638억 원에 달하는 것으로 중앙대책안전본부(2011)는 밝혔다. 또한 2006년 이후 고병원성 조류인플루엔자에 감염이 보고된 개체의 100%에 이르는 높은 치사율을 보이고 있다.

이 외에 대표적인 가축 전염병이 구제역이다. 구제역이란 '소, 돼지, 염소 등 발굽이 둘로 갈라진 동물에 감염되는 질병으로 전염성이 매우 강한 질병'으로, 세계동물보건기구(OIE)에서 전파력이 빠르고 국제교역상 경제피해가 매우 큰 질병으로 우리나라 또한 제1종 가축전염병으로 지정되어 있다. 구제역은 2000년에 국내에서 최초 발생된 이후 2013년 현재까지 총 다섯 차례에 걸쳐 발생하였다. 가장 최근인 2011년에 발생한 구제역은 그 발생 기간이나 피해 규모를 고려해 보았을 때, 최악의 구제역 파동으로 기록되고 있다. 2011년 구제역은 약 123일간 발생이 지속되었으며, 감염 속도도 유례없이 빠르고, 그 범위도 넓게 확산되어 11개 시·도 73개 시·군으로 확대되었다. 이때 총 347만 9,513두의 소·돼지가 살처분되어 많은 축산농가가 어려움을 겪었다.

국내 구제역 발생 현황

구분	2000년	2002년	2010년(포천)	2010년(강화)	2010~2011년
발생 기간	3.24~4.14 (22일간)	5.2~6.23 (52일간)	1.2~1.29 (28일간)	4.8~5.6 (29일간)	2010.11.29~ 2011.3.31(123일간)
건수	15건	16건	6건	11건	153건
발생 지역	3개도 6개 시·군	2개도 4개 시·군	2개 시·군	4개 시·도 4개 시·군	11개 시·도 76개 시·군
방역 조치	살처분 2,216두 * 백신 접종	살처분 16만 155두	살처분 5,956두	살처분 49,874두	살처분 347만 9,513두 * 백신 접종
재정 (국비)	3,006억 원	1,434억 원	288억 원	1,242억 원 (추정)	3조 원 (추정)

출처: 중앙대책안전본부(2011). 구제역 중앙대책안전본부 운영백서 참고.

구제역과 조류 인플루엔자로 인한 피해는 1차적으로 해당 농가의 경제적 피해를 발생시킬 뿐만 아니라, 환경오염의 2차 피해로 확대될 수 있다. 조류 인플루엔자와 구제역이 발생하고 나면 살처분 및 매몰 작업이 이뤄지는데, 이 경우 침출수로 인한 토양과 수질 오염으로 이어지고 있다. 2011년 창궐했던 구제역과 2012년 초 발생한 조류 인플루엔자로 인해 소, 돼지, 닭 등 가축 857만 5,900여 마리가 전국 4,251곳에 매몰됐다. 2차 오염은 매몰된 가축이 부패하면서 사체로부터 나오는 핏물과 병원균 등인 인근 토양이나 지하수로 스며들게 된다. 따라서 매몰 작업 당시 침출수가 발생하지 않도록 철저한 방역 관리가 필요하다.

살처분 현장 및 침출수 피해 현장 모습

2000년대 국내의 주요 신·변종 전염병을 정리하면 다음과 같다.

▶ 구제역(2000/2002/2010~2011): 구제역이란 소, 돼지, 염소 등 발굽이 둘로 갈라진 동물에 감염되는 질병으로 전염성이 매우 강한 질병. 2010년에서 2011년 국내에서 가장 창궐했으며, 이 시기에 347만여 마리가 살처분되는 등 농가 피해 및 국가 경제에 심각한 영향을 초래한 가축전염병

▶ 사스(SARS)(2003): 2003년 3월 동남아시아에서 발생해 아시아·유럽·북아메리카 전역으로 확산된 호흡기 계통의 전염병으로 세계 32개국에서 83,000여 명이 감염되었으며, 국내 유입은 막았지만 전 세계를 바이러스 감염의 공포에 떨게 한 신종 전염병

▶ 조류 인플루엔자(AI H6N1)(2003~2004/2006~2007/2008, 2014): 조류독감은 닭, 오리 등 조류 인플루엔자 바이러스로 인해 발생하는 급성 바이러스성 전염병으로 국내에서는 여러 차례 동물 내 감염이 확인되어 살처분 등 방역활동을 전개. 하지만 2013년 대만에서 첫 인체감염 사례가 공식 보고되었고, 중국에서는 H7N9형의 신종 조류독감으로 잇따른 사망자가 발생함에 따라 적극적인 예방 조치가 요구되는 국면에 진입. 2014년 1월 전북 고창에서 AI가 발병함에 따라 국내 최초로 농림축산식품부장관의 '이동중지' 명령(전라도와 광주광역시 닭, 오리 축산농가, 축산 관계자 14만여 명과 차량 2만여 대 대상) 발동

▶ '광우병 괴담'과 미 쇠고기 반대 촛불시위(2008): 한미 쇠고기 2차 협상이 타결된 후, 인터넷을 중심으로 '광우병 괴담'이 확산되면서 정부의 미국산 쇠고기 수입 재개 협상 내용에 대한 반대

의사를 표시하기 위하여 학생과 시민들의 모임으로 출발한 촛불 시위가 전국적으로 확산된 사건. 이 시위 참가자들의 자발적이고 개방적인 특성을 두고 웹 2.0에 빗대어 '민주주의 2.0' 등 자발적 개인들의 모임이라는 긍정적인 평가가 있는 반면, 시위기간이 길어지면서 경찰이 이를 진압하는 과정에서 물리적 충돌이 발생하는 등의 여러 가지 사회문제 촉발

▶ 신종 인플루엔자 A(H1N1)(2009): 흔히 '신종플루'로 알려진 이 질병은 2009년 전 세계적으로 유행된 것으로 당해 5월 국내 첫 신종인플루엔자 감염자가 확인된 이후 한 해 동안 75만 명의 확진환자가 발생하였고, 252명의 사망자를 발생시킨 신종 전염병. 이 시기 사람들의 외부활동이 줄었고, 마스크나 손 세척제와 같은 위생상품의 품귀현상까지 나타나는 등 국민들의 우려와 공포가 높았던 신종 전염병. 이러한 현상에는 발병 기간 동안 정부와 언론의 과잉이 국민의 혼란을 가중시켰다는 비판이 일었으며, 질병 관련 커뮤니케이션에 있어 여러 문제점이 드러난 사례라 할 수 있음. 2014년 최근 미국에서 다시 신종플루로 인한 사망자가 속출함에 따라 다시 한 번 이 전염병에 대한 관심이 높아지고 있음

▶ 중증열성혈소판감소증후근(2013): 혈소판 감소를 일으키는 바이러스를 지닌 작은소참진드기(일명 살인진드기)에게 물려 생기는 전신 감염병으로 2009년 중국에서 최초 보고된 후 2012년까지 총 2,047건이 보고된 사례로, 국내에서는 2013년 총 5명의 사망자가 발생함에 따라서 공포가 확산된 질병

4. 환경오염 사고

'환경오염 사고'는 사람의 건강이나 환경에 피해를 줄 수 있는 고의 또는 과실로 인해 발생하는 다양한 오염 및 피해 상황을 의미하는 것이라 말할 수 있다. 환경부에서는 '환경정책기본법'에 따라 환경오염 사고를 정의내리고 있으며, 이에 따라 수질·대기·토양오염 및 소음진동·악취 발생 등 세부적인 영역을 법률로 규정하고 있다.

환경정책기본법은 환경보전에 관한 국민의 권리·의무와 국가의 책무를 명확히 하고 환경정책의 기본사항을 정하여 환경오염과 환경훼손을 예방하고 환경을 적정하고 지속가능하게 관리·보전함으로써 모든 국민이 건강하고 쾌적한 삶을 누릴 수 있도록 함을 목적으로 하는 법이다. 다음은 환경정책기본법에 명시된 '환경오염'의 정의이다.

'환경오염'이란 사업활동 및 그 밖의 사람의 활동에 의하여 발생하는 대기오염, 수질오염, 토양오염, 해양오염, 방사능오염, 소음·진동, 악취, 일조 방해 등으로서 사람의 건강이나 환경에 피해를 주는 상태를 말한다(환경정책기본법 제3조, 2013년 7월 30일 시행).

현행법상 환경오염 사고의 원인이 되는 오염물질은 '환경범죄 등의 단속 및 가중처벌에 관한 법률'에 의해 7가지 영역으로 구분되어 정의되고 있다. '대기환경보존법'에 의한 대기오염물질, '수질 및 수생태계 보전에 관한 법률'에 따른 수질오염물질, '토양환경보전법'에 따른 토양오염물질, '유해화학물질 관리법'에 따른 유독물, '하수도법'에 따른 오수·분뇨 또는 '가축분뇨의 관리 및 이용에 관한 법률'에 명시된 가축분뇨, '폐기물관리법'에 의한 폐기물, '농약관리법'에 따른 농약 및 원제 등이 이에 포함될 수 있다.

국내에서 발생하는 환경오염은 다양한 영역에 걸쳐 발생하고 있으며, 환경부를 비롯하여 관련 법률에 규정된 다수의 부처에서 환경오염을 관리·감독하고 있다. 환경오염과 관련한 통계는 환경부가 매년 발간하고 있는 『환경통계연감』에서 확인할 수 있으며, 수질·대기질·기후변화·자연환경·상/하수도·화학물질 관리·폐기물 관리·

환경보호지출 등의 광범위한 영역을 모두 포함하고 있는 것이 특징이다.

전 세계적으로 환경오염 사고의 위험문제는 지구온난화현상을 위시하여, 오존층 파괴 등의 문제에서 비롯되는 이상기후들을 겪고 있다. 혹한과 혹서는 생태계 파괴나 산불 등의 직접적인 피해로 이어져 가장 심각한 범지구적 위험 이슈라 할 수 있다. 이러한 유형 외에도 인재로 인한 해양오염 사고, 화재나 산불로 인한 자연생태계 파괴 등 수많은 종류의 위험들이 있다.

국내의 최악의 환경오염 사고 사례를 살펴보면, 2007년 이른바 '태안 기름 유출사고'로 불리는 '삼성1호－허베이 스피릿호 원유 유출 사고'가 있다. 2007년 12월 7일 충청남도 태안군 앞바다에서 홍콩 선적 '허베이 스피릿호'와 삼성물산 '삼성 1호'가 충돌하면서 12,547킬로리터(78,918배럴)의 원유가 태안 인근 해역으로 유출된 사고가 발생하였다. 이 사고는 1997년 전라남도 여수(당시 여천)에서 발생한 '씨프린스호 사고'보다 원유 유출량이 2.5배나 많은 최악의 해양오염 사고라 할 수 있다. 사고 발생 이후, 폐유 4,175킬로리터와 흡착폐기물 3만 2,074톤이 수거되었으며, 사고발생 한 달 만에 피해를 입은 양식장 면적만 서산시 3개 읍·면의 112개소 1,071헥타르, 태안군 8개 읍·면의 361개소 4,088헥타르에 달한 것으로 나타났다. 이에 따라 태안군·서산시·보령시·서천군·홍성군·당진시(당시 당진군) 등 6개 시·군이 특별재난지역으로 선포되었다(환경일보, 2013). 또한 사고 이후 태안 앞바다로 흘러들어오는 기름띠와 폐사한 고기떼의 모습들이 각종 미디어를 통해 집중 보도되면서 국민의 높은 관심과 적극적인 참여를 이끌어 내었다. 당시 자원봉사자 122만 6,730명을 포함해 모두 213만 2,322명의 사람들이 기름띠 제거에 동원되었는데, 이것은 이 사고에 대한 국민의 걱정과 열망을 보여준 것이라 할 수 있다.

사고 이후, 삼성중공업 소속의 해당 어선이 기상악화 예보를 무시했다는 점과 지역 해양청의 충돌 위험 경고 또한 무시했다는 점에 있어서 발생하지 않을 수도 있었던 인재(人災)라는 사실이 밝혀졌다. 또한 사고 직후 항해일지를 조작하여 무선 경고 기록을 삭제하는 등 사건을 축소 및 은폐하려 했던 점이 알려져, 대기업의 사회적 책임과 의식에 대한 비난 여론이 일었다. 이후 해당 지역 주민들과 기업 간의 책임 보상에 관한 지속적인 법적 분쟁이 이어졌으며, 7년여가 지난 2013년 삼성중공업이 지역발전 명목으로 3,600억 원의 출연금을 내기로 결정하면서 기나긴 갈등이 정리되어 가는 국면이다. 하지만 지역 주민의 경제적·심리적 피해와 파괴된 해양생태계는 결코 사고 이전으로 돌이킬 수 없다는 측면에서 이 사고의 심각성을 다시 한 번 생각해 볼 필요가 있다.

'삼성1호-허베이 스피릿호 원유 유출 사고' 현장 모습

'삼성1호-허베이 스피릿호 원유 유출 사고'를 통해 우리는 인간의 과오가 만들어 낸 환경 파괴를 목도하였다. 이러한 기술 위험을

다시 한 번 실감하게 했던 것이 '불산가스 누출 사고'라 할 수 있다. '불산'은 불화수소를 물에 녹인 휘발성 액체로 반도체 산업 등에 필수적인 화학물질로 꼽히지만, 인체나 환경에 노출되지 않도록 주의를 요하는 강한 독성물질로 분류된다. 하지만 이러한 독성 화학물질의 관리 부실로 인한 사고가 잇따랐다. 최초의 사고는 2012년 9월 27일 경상북도 구미시 제4국가산업단지에 위치한 화학제품 생산업체에서 안전수칙을 제대로 지키지 않아 작업 중 플루오린화 수소 가스가 유출되어 현장 근로자 5명이 사망한 사고이다. 사고 이후, 구미시 사고대책본부가 밝힌 피해 규모는 지역 주민 3,572명이 병원치료를 받았고, 주변 농지 232.8헥타르가 피해를 입어 수확을 앞둔 포도, 대추 등이 말라죽었으며, 3,209마리의 가축이 이상 증세를 보이는 등 2차 피해가 이어졌다. 점차 불산은 토양과 낙동강으로 확산되는 등 3차 피해가 발생하여 피해의 규모가 커져갔는데, 이러한 위험의 확대는 정부의 '늑장 대응' 또는 '부실 대응'에 기인한다는 비판 여론이 일었다(동아일보, 2012). 환경부는 지역의 '심각단계'를 성급히 해제하여 아직 불산이 남아 있는 현장에 주민들을 복귀시켰고, 정부는 사고 이후 7일이 지나서야 대책회의를 열고 현장조사단을 파견하였다. 이후 사고 열흘 만에 특별재난지역으로 지정하는 등 정부나 지역 기관의 대처에 있어서 여러 가지 허점을 드러냈다.

이 사고로 인한 화학물질 처리에 대한 우려가 안정되기도 전에, 2013년에는 상주와 청주에 이어 화성의 삼성공장에서도 화학물질 누출사고가 잇따랐다. 삼성전자 화성 반도체 공장에서 약 10리터 가량의 불산 가스가 누출된 사고가 발생하였는데, 삼성은 2차 피해가 우려되는 환경사고임에도 불구, 이 같은 상황을 인지한 경찰과 소방당국이 확인 요청을 하자 사고발생 26시간 만에 사실을 공개해 사고를 은폐하려 했다는 비난을 받았다. 우리는 앞선 사고들을 통해 화학물질 관련 사고가 인체나 환경에 심각한 영향을 줄 수 있음에도 불구하고 화학사고에 대한 대응장비 및 매뉴얼이 미비하여 2차, 3차적 피해를 양산하였음을 확인하였다. 발생 가능한 사고에 대한 철저한 안전점검과 더불어 사고 이후 피해를 최소화할 수 있는 시스템 마련이 시급하다.

(좌) '구미 불산가스 누출 사고' 피해 현장, (우) '삼성 불산가스 누출 사고' 조사 현장

2000년대 국내의 주요 환경오염 위험을 정리하면 다음과 같다.

▶ 씨프린스호 사고(1995): 전라남도 여수시 앞바다에서 1995년 7월 23일 유조선 씨프린스호가 암초에 부딪쳐 침몰하여 원유 98,000톤과 벙커C유 1,000톤이 유출된 사고로 사고 직후에 여수 소리도부터 포항까지 230km가량이 기름으로 오염돼 어민 피해 규모가 736억 원에 달한 해양사고
▶ 동해안 산불(2000): 2000년 4월 7일 강원도 고성에서 발화하여 동해안 전역으로 확대된 화재로 4월 15일까지 화재 발생 191시간 만에 진화되었음. 동해안 일대 산림 23,448헥타르(ha)를 태우고 1천억 원 규모의 재산피해와 일대 산림과 토양의 생태계 파괴를 가져온 환경오염 사고
▶ 삼성1호-허베이 스피릿호 원유 유출 사고(2007): 일반적으로

'태안 기름유출 사고'로 불리는 이것은 2007년 12월 7일 충청남도 태안군 앞바다에서 홍콩 선적 '허베이 스피릿호'와 삼성물산 '삼성 1호'가 충돌하면서 12,547킬로리터(78,918배럴)의 원유가 태안 인근 해역으로 유출된 사고. 사고 발생 후 폐유 4,175킬로리터와 흡착폐기물 3만 2,074톤이 수거되었으며, 사고발생 한 달 만에 피해를 입은 양식장 면적만 서산시 3개 읍·면의 112개소 1071헥타르, 태안군 8개 읍·면의 361개소 4,088헥타르에 달한 것으로 나타남. 당시 자원봉사자 122만 6,730명을 포함해 모두 213만 2,322명의 사람들이 기름띠 제거에 동원되었음

▶ 구미 불산 누출사고(2012): 2012년 9월 27일 경상북도 구미시 제4국가산업단지에 위치한 화학제품 생산업체에서 플루오린화 수소가스가 유출되어 산업단지 지역주민 3,572명이 병원치료를 받았고, 232.8헥타르의 농지 피해, 3,209마리의 가축 피해 등이 있었음

▶ 삼성전자 불산 가스 누출사고(2013): 2013년 1월 27일 삼성전자 화성 반도체 공장에서 약 10리터 가량의 불산 가스가 누출된 사고로 삼성은 2차 피해가 우려되는 환경사고임에도 불구, 이 같은 상황을 인지한 경찰과 소방당국이 확인 요청을 하자 사고발생 26시간 만에 공개해 사고를 은폐하려 했다는 비난을 받음

▶ 미세먼지(2013~2014): 중국발 미세먼지는 대기 중에 유해중금속을 다량 함유하고 있는 스모그로 인체에 축적되었을 때, 호흡기계질환은 물론 심혈관계질환과 뇌질환까지 유발할 수 있는 생활형 위험. 최근 중국의 산업화가 가속화되고, 특히 겨울철 석탄의 존도와 연료 사용량이 증가함에 따라, 국내에 미세먼지의 유입량이 급증하고 있는 실정. 2014년 1월 17일 서울에는 '초미세먼지 주의보'가 발령되었는데, 이날 서울의 미세먼저 농도는 ㎥당 140~150마이크로그램으로, 평소의 3배에 해당하는 수치임. 이러한 미세먼지를 피하기 위해서 기상청은 야외활동을 가급적 자제하고, 외출 시 마스크와 보호 안경, 보호 모자를 착용해야 한다고 권고하고 있음

(좌) 환경부 '미세먼지가 높은 날 건강생활 수칙' 안내,
(우) '초미세먼지주의보'가 발령된 서울 모습

기술 위험으로 인한 환경오염 사고에 이어, 최근 우리는 중국발 '미세먼지'라는 생활형 위험으로부터 고통받고 있다. 이 미세먼지는 중국의 산업화가 가속화됨에 따라 발생·증가하고 있는 것으로 중국 내에서도 심각한 위험 문제일 뿐만 아니라 지형적으로 근접한 한반도에도 직접적으로 영향을 미치고 있다. 미세먼지는 대기 중에서 유해중금속을 다량 함유하고 있는 스모그로 호흡기계 질환은 물론 심혈관계 질환과 뇌 질환까지 유발할 수 있어, 국민들의 우려와 불안은 날로 증가하고 있다. 2013년 중국 전역 스모그 일수는 52년 만에 최다를 기록했으며, 초미세먼지 농도(PM2.5)는 세계보건기구(WHO) 권고기준(25μg)의 약 40배에 해당하는 수치를 기록하기도 하였다(환경일보, 2014). 겨울철 중국의 석탄 의존량과 연료 사용량이 증가함에 따라서 국내로 유입되고 있는 미세먼지의 농도 또한 위협적이라 할 수 있다. 2014년 1월 현재 '초미세먼지 주의보'가 발령되어 서울 시내는 먼지로 뒤덮인 듯 희뿌연 모습을 하고 있으며, 언론에서는 야외활동을 줄이고 외출 시 마스크를 착용할 것을 권장하

고 있다. 미세먼지의 위험은 우리가 피하기 어려운 생활형 위험에 속하므로 이에 대한 해당 기관이나 미디어의 경고에 주의를 기울일 필요가 있다.

(좌) 미세먼지로 가득한 서울과 (우) 마스크 착용한 시민 모습

독일의 사회학자 울리히 벡(Ulrich Beck)은 그의 저서『위험사회』에서 "스모그는 민주적이다"라고 말했다. 다시 말해서, 산업사회에서의 부는 불평등하게 분배되지만, 위험사회에서 우리가 마주하고 있는 위험은 누구도 피해갈 수 없는 공동의 문제라는 것이다. 이러한 미세먼지를 포함하여 생태계 파괴 등의 환경오염 위험은 다른 어떤 것보다도 우리 생활에 근접해 있는 경우가 많다. 따라서 개인적, 국가적, 세계적 차원의 공동의 이해와 노력으로 해결책을 마련해야 할 필요가 있다.

5. 사이버테러

현대사회는 정보기술에 대한 의존성이 매우 높은 사회라고 할 수 있는데, 정보기술에 대한 의존성이 높아질수록 사이버범죄의 발생과 위험성도 동시에 증대하고 있다. 경찰청 사이버테러대응센터(2014)에 따르면, 사이버범죄는 해킹이나 바이러스 유포와 같이 고도의 기술적 요소가 포함된 정보통신망 자체에 대한 공격행위인 '사이버테러형 범죄'와 전자상거래 사기(통신, 게임), 프로그램 불법복제(음란물, 프로그램), 불법·유해사이트 운영(음란, 도박, 폭발물, 자살), 개인정보침해, 사이버스토킹, 사이버성폭력, 협박 및 공갈 등과 같이 사이버공간이 범죄 수단으로 이용되는 '일반 사이버범죄'를 포함한다.

국내의 사이버범죄는 2010년 122,902건, 2011년 116,961건, 2012년 108,223건이 발생하였고, 이 중에서 일반 사이버범죄는 2010년 104,615건, 2011년 103,565건, 2012년 98,616건으로 사이버테러형 범죄(2010년 18,2287건, 2011년 13,396건, 2012년 9,607건)에 비해 높은 발생건수를 보이고 있다(사이버테러대응센터, 2014). 발생건수가 점차 줄어드는 추세를 보이고는 있으나, 범죄 발생 건수가 여전히 10만 건을 넘고 있으며, 특히 일반 국민을 대상으로 한 일반 사이버범죄의 발생 건수가 매우 높다는 점에서 심각한 사회문제로 떠오르고 있다.

2000년대 국내의 주요 사이버테러 위험을 정리하면 다음과 같다.

▶ 1·25 인터넷 대란(2003): 2003년 1월 25일 KT 혜화전화국 도메인네임시스템(DNS) 서버에 대량의 데이터가 전송되어 하나

로통신, 두루넷, 데이콤 등 주요 인터넷 서비스의 모든 홈페이지가 접속되지 않았던 사건으로, 이날 오후 2시에 발생한 이후 7시간이 경과하도록 원인조차 파악되지 않아 국내 사이버 보안불감증에 경종을 울린 사건

▶ 7·7 디도스 공격(2009): 2009년 7월 7일을 기점으로 우리나라와 미국의 주요 정부기관, 포털 사이트, 은행 사이트 등을 분산서비스거부공격(DDos)하여 서비스를 일시적으로 마비시킨 사건으로 만 3일 동안 세 차례에 걸친 공격을 통해 접속 장애, 파일 파괴, 부팅 장애 등의 추가적인 피해가 발생. 정부에서 발표한 피해액은 최대 544억 원으로 인터넷 강국을 자랑하던 대한민국의 사이버 보안에 대한 치명적인 약점을 드러낸 사건으로 새로운 형태의 테러리즘인 사이버테러리즘에 대한 경각심을 불러온 사건

▶ 10·26 디도스 공격(2011): 10·26 재보궐선거 당일 중앙선거관리위원회 홈페이지가 디도스(DDoS 분산서비스거부) 공격을 받아 오전 2시간여 동안 서비스가 중단된 사고로 국가전산망을 겨냥한 사이버테러. 이후 한나라당 국회의원실 관계자의 범행으로 조사됨. 이 사건은 '선거'라는 중요한 정치적 사안이 개입된 사이버범죄로 중앙선거대책본부를 비롯한 국가전산망 안전성에 대한 철저한 점검의 필요성 촉발

▶ 3·20 전산대란(2013): 2013년 3월 20일 KBS, MBC, YTN 등 국내 주요 방송사와 신한은행, 농협 등 금융사의 내부 전산망이 마비되고, 다수의 컴퓨터가 악성코드에 감염된 사건. 이를 계기로 국내 인터넷 환경에 대한 철저한 검증과 함께 사이버보안체계의 재정립이 요구됨

▶ 카드사 고객 정보 유출 사건(2014): 2014년 1월 신용평가업체 직원이 국내 카드사 중 국민카드, 롯데카드, NH농협카드사의 고객정보 1억 건 이상을 빼돌린 것으로 나타난 사건. 이는 역대 최대 규모로 각 카드사 고객들의 정보 유출에 따른 위조 카드 피해나 '보이스 피싱'이나 대출 안내 등과 같은 2차적 피해에 대한 우려 촉발, 불안에 휩싸인 고객들의 카드 재발급·해지·정지에 따른 '카드 런' 상황 촉발. 보안이 담보되지 않은 정보화 시대가 얼마나 위험한 허상에 지나지 않는지, 또한 우리 사회가 얼마나 개인 정보의 유출에 무기력한지 적나라하게 보여준 사례

▶ 보이스 피싱 및 스미싱 사기(~현재): '보이스 피싱'이란 집 전화, 휴대폰, 인터넷 사이트 접속 등 통신을 통해 다양한 수법으로 돈을 빼내는 금융사기를 말하며, 스미싱은 2013년 새롭게 등장한 신종 금융사기 기법으로 문자결제사기를 말함. 국민권익위원회가 보이스 피싱 사례를 분석한 결과, 'KT 사칭', '검·경찰 사칭', '은행 사칭', '자녀 납치 협박' 등의 방법 등이 이용되고 있는 것으로 나타남. 또한 스마트폰을 이용한 문자서비스, 웹 연결을 통한 소액 결제 등 다양한 기법을 통한 피해사례가 나타나고 있음. 이러한 피해는 최근 개인정보유출과 스마트기기 등의 기술발달과 맞물려 그 방법이 진화하여 심각한 사회문제로 대두되고 있음

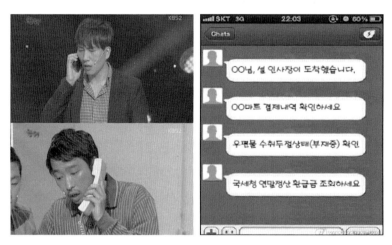

(좌) '보이스 피싱'을 소재로 한 개그콘서트 한 장면,
(우) 문자메시지를 이용한 '스미싱' 사례

사이버범죄는 육체적 폭력은 없으나, 사이버범죄 피해자들에게 심리적 공황상태를 유발할 수 있는 심리적 폭력의 특성을 띤다는 점에서 문제시되며, 우리 사회와 경제, 대중의 일상적인 삶을 완벽하게 파괴할 수 있는 잠재성을 가지고 있다는 측면에서 매우 심각한 위험으로 다가오고 있다(Hardy, 2011). 특히 사이버범죄는 정보기술에 대한 의존성이 높아질수록 더욱더 교묘해지고 지능화되어 가는 특성을 보인다. 또한 세계가 처한 위험현실의 지형을 보면, 최근 6년간 빠르게 그 양상이 변화하고 있는데, 2012년 실현가능성이 가장 높은 위험 영역 중 하나로 사이버테러 및 범죄가 선정되기도 하였다(김한균, 2012).

이러한 배경에서 정부는 2013년 12월에 '과학기술 기반 사회문제 해결 종합실천계획'을 발표하고, 향후 5년간 중점적으로 실천해야 할 10대 과제 속에 사이버범죄를 포함시키기도 하였다.

사이버테러의 첫 번째 유형은 악성 프로그램이다. 정보시스템의 정상적인 작동을 방해하기 위하여 고의로 제작, 유포되는 모든 실행 가능한 컴퓨터 프로그램을 악성프로그램으로 규정하고 있으며, 악성 프로그램은 리소스의 감염 여부, 전파력 및 기능적 특징에 따라 바이러스, 웜, 스파이웨어 등으로 구분할 수 있다. 악성 프로그램의 유형을 세분화하면 다음과 같다.

세부 유형	내용
트로이목마	프로그램에 미리 입력된 기능을 능동적으로 수행하여 시스템 외부의 해커에게 정보를 유출하거나 원격제어 기능 수행. 트로이목마처럼 유용한 유틸리티로 위장하여 확산되기 때문에 감염사실을 알아채기 어려움
인터넷웜	시스템 과부하를 목적으로 이메일의 첨부파일 등 인터넷을 이용하여 확산됨. 확산 시 정상적인 파일이 이메일에 첨부되기도 하기 때문에 개인정보 유출의 위험 내포
스파이웨어	공개프로그램, 쉐어웨어, 평가판 등의 무료 프로그램에 탑재되어 정보를 유출시키는 기능이 있는 모든 종류의 프로그램

출처: 경찰청, 사이버테러대응센터.

　사이버테러의 두 번째 유형은 해킹을 들 수 있다. 해킹은 다른 사람의 컴퓨터 시스템에 무단 침입하여 정보를 빼내거나 프로그램을 파괴하는 전자적 침해행위를 의미하는데, 사용하는 기술과 방법 및 침해의 정도에 따라 다양하게 구분할 수 있으며 단순침입, 사용자도용, 파일 등 삭제변경, 자료유출, 폭탄스팸메일, 서비스거부공격 등 세부적으로 구분이 가능하다. 해킹의 유형을 세분화하면 다음과 같다.

해킹의 세부 유형

세부 유형	내용
단순침입	정당한 ① 접근권한 없이 또는 허용된 접근권한을 초과하여 ② 정보통신망에 침입하는 것 ① 접근권한: 행위자가 해당 정보통신망의 자원을 임의로 사용할 수 있도록 하는 권한 ② 정보통신망에 침입: 행위자가 해당 정보통신망의 자원을 사용하기 위해서 거쳐야 하는 인증절차를 거치지 않거나 비정상적인 방법을 사용해 해당 정보통신망의 접근권한을 획득하는 것, 즉 정보통신망의 자원을 임의대로 사용할 수 있는 상태가 되었을 때 침입이 이루어진 것이라고 할 수 있음
사용자 도용	정보통신망에 침입하기 위해서 타인에게 부여된 사용자계정과 비밀번호를 권한자의 동의 없이 사용하는 것 ※ 개념상으로만 보면 단순침입의 한 가지 유형에 해당하지만 사용자 도용이 차지하는 부분이 많아 별도로 구분

파일 등 삭제와 자료 유출	정보통신망에 침입한 자가 행한 2차적 행위의 결과로, 일반적으로 정보통신망에 대한 침입행위가 이루어진 뒤에 가능함
폭탄 메일	메일서버가 감당할 수 있는 한계를 넘는 많은 양의 메일을 일시에 보내 장애가 발생하게 하거나 메일 내부에 메일 수신자의 컴퓨터에 과부하를 일으킬 수 있는 실행코드 등을 넣어 보내는 것. 서비스거부공격의 한 유형 ※ 서비스거부공격(DDoS): 정보통신망에 일정한 시간 동안 대량의 데이터를 전송시키거나 처리하게 하여 과부하를 야기해 정상적인 서비스가 불가능한 상태를 만드는 일체의 행위

출처: 경찰청, 사이버테러대응센터.

사이버범죄는 2009년 가장 높은 164,536건이 발생한 이후 전체 발생 수는 점차 줄어들고 있음을 확인할 수 있다.

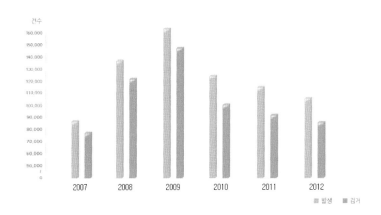

출처: 경찰청, 사이버테러대응센터.

사이버범죄 발생·검거 현황

최근 사이버테러 사건 중에서도 중요한 문제로 등장하고 있는 것은 DDos다. DDos는 '분산서비스공격(Distributed Denial of Service)'으로 다수의 장소에서 특정 공격 지점의 인터넷 과부하 공격을 수행하여 네트워크의 대역폭이나 메모리 등의 시스템 자원이나 컴퓨터의 CPU 처리 능력에 이상을 가져오는 것이다. 이러한 공격의 결과 시스템을 훼손시켜 정상적 서비스가 불가능하도록 한다. 2003년의 '1·25 인터넷 대란', 2009년의 '7·7 DDos', 2011년의 '3·4 DDos'와 '서울시장 보궐선거 중앙선관위 DDos 공격' 등 'DDos 사이버테러'가 등장하여 다수의 피해를 입혔으며, 작게는 한 개인에게 피해를 입히기도 하지만 넓게는 국가 전체에 영향을 미치기도 한다. 2013년 3월 국내 주요 방송사(KBS, MBC, YTN)와 금융기관(신한은행, 농협 등)의 전산망을 마비시키는 사건이 발생하기도 하였다.

사이버범죄 발생·검거 현황

발생시기	사건명	사건내용
2003년 1월 25일	1·25 인터넷대란	KT 혜화전화국 DNS 서버에서 발생해 전국 인터넷 서비스 마비
2009년 7월 7일	7·7 DDos	국가 주요 기관 웹 사이트 공격
2011년 3월 4일	3·4 DDos	국가 주요 기관 웹 사이트 공격
2011년 10월 26일	서울시장 보궐선거 중앙선관위 DDos 공격	서울시 시장보궐선거 기간 중 중앙선거관리위원회 홈페이지 공격
2012년 4월 11일	지방자치 단체장선거 중앙선관위 DDos 공격	지방자치단체장 총선거 기간 전 중앙선거관리위원회 홈페이지 공격

DDos 공격이 본격적으로 진행된 것은 약 10년 정도로 추산되고 있으나 최근에 들어 다수의 기업과 개인들에게 피해를 지속적으로 주고 있으며, 특히 일부 경쟁기업 간의 경쟁무기로 이용되고 있기도 하다. 또한 다른 인터넷 범죄(사기 및 데이터 해킹)를 일으키는 일부분이 되고 있으며, DDos 공격도 더욱 다양화되고 있고, 더 많은 기업들이 목표가 되고 있다. DDoS 공격은 앞에서도 언급하였지만, 네

트워크 혼잡을 발생시키는 대규모 트래픽을 일으켜 고객의 트래픽 전달을 막는다. 이를 보통 '용량' 공격이라고 말하며, DDoS 공격의 주요 방식 중 하나로 자주 발생할 수 있다. 용량 공격은 기업 내·외부의 인터넷 접근을 방해하는 공격방식으로 이를 방어하려는 경계를 무효화시킨다. 이러 이런 공격 규모는 점점 더욱 커지고 있으며, 2010년과 2011년, 2012년에 약 100Gbps, 2013년에는 이미 기록적인 300Gbps의 공격이 감지됐다.

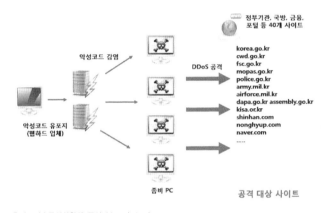

출처: 방송통신위원회 공식 블로그(2011)

DDos 공격 형태(2010년 3월 4일 DDos 공격)

최근에는 일반적인 PC 공격 이외에도 스마트폰을 공격 대상으로 하는 DDos 공격도 사이버테러의 한 유형으로 등장하고 있다. 2012년 11월경 모바일 기반의 DDos 공격용 악성파일이 발견되었으며, 이는 '안드로이드 폰'을 대상으로 하는 것으로 밝혀졌다. 이 파일은 수신된 문자메시지 내의 단축 url을 누르면 스마트폰에 설치되도록 유

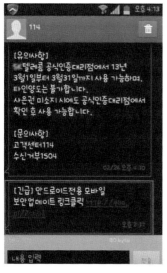

[유의사항]
■텔레콤 공식인증대리점에서 13년 3월1일부터 3월31일까지 사용 가능하며, 타인양도는 불가합니다. 사은권 미소지 시에도 공식인증대리점에서 확인 후 사용 가능합니다.

[문의사항]
고객센터114
수신거부1504

[긴급] 안드로이드전용 모바일 보안 업데이트 링크클릭

스마트폰 기반 DDos 유도 문자메시지

도된다. '구글'이나 '카카오' 등의 유명 기업에서 보낸 신규 어플리케이션이나 보안 업데이트인 것처럼 위장되어 있는 것이 특징이며, 휴대폰 문자 수신자가 무의식적으로 설치하는 허점을 노린 것으로 밝혀졌다. 스마트폰 기반의 DDos는 기존의 PC 기반의 DDos 공격과 유사한 기능을 가지고 있으면서 새로운 유형의 공격이 가능하게 한다는 점에서 위협적인 형태이며 다수의 사람들이 이용하고 있는 스마트폰으로 더욱 광범위한 피해를 가져올 수 있다는 것이다.

사이버테러의 유형은 새로운 미디어가 등장함에 따라 기존에 없던 변종의 형태가 지속적으로 나타나고 있으며, 피해 규모도 더욱 증가할 것으로 예상되고 있다.

한편, 사이버폭력이 온라인상 새로운 위험 요소로 작동하고 있다. 방송통신위원회 산하 한국인터넷진흥원의 '2013년 사이버폭력 실태'에 따르면, 초중고생의 29.2%가 타인에게 사이버폭력을 가한 적이 있으며 일반인은 14.4%가 사이버폭력 가해 경험이 있는 것으로 나타났다. 또한 초중고생의 30.3%와 일반인의 33.0%가 사이버폭력을 당한 경험이 있으며, 고등학생(40.6%), 중학생(39.4%)이 초등학생(7.4%)에 비해 사이버폭력을 당한 경험이 많은 것으로 나타났다.

피해유형을 보면, 학생은 사이버 언어폭력(24.2%)>사이버 명예훼손(9.1%)>사이버 성폭력(8.4%)>사이버 스토킹(5.6%)>신상정보 유출(3.2%)>사이버 왕따(1.2%) 순으로 나타났으며, 일반인은 신상정보 유출(18.4%)>사이버 언어폭력(18.0%)>사이버 스토킹(5.2%)>사이버 명예훼손(4.8%)>사이버 성폭력(4.6%) 순으로 나타났다.

사이버폭력의 유형 및 정의

유형	정의
사이버 언어폭력	인터넷, 휴대폰 문자 서비스 등을 통해 욕설, 거친 언어, 인신 공격적 발언 등을 하는 행위
사이버 명예훼손	사실 여부에 상관없이 다른 사람·기관의 명예를 훼손하는 글을 인터넷, SNS 등에 올려 아무나(불특정 다수) 볼 수 있게 하는 행위
사이버 스토킹	특정인이 원치 않음에도 반복적으로 공포감, 불안감을 유발하는 이메일이나 쪽지를 보내거나, 블로그·미니홈피, SNS 등에 방문하여 댓글 등의 흔적을 남기는 행위
사이버 성폭력	특정인을 대상으로 성적인 묘사 혹은 성적 비하 발언, 성차별적 욕설 등 성적 불쾌감을 느낄 수 있는 내용을 인터넷이나 휴대폰을 통해 게시하거나 음란한 동영상, 사진을 퍼트리는 행위
신상정보 유출	개인의 프라이버시에 해당하는 내용을 언급 또는 게재하거나 신상 정보(이름, 거주지, 재학 중인 학교 등)를 유포시키는 행위
사이버 왕따	인터넷상의 소셜 미디어 사이트, 핸드폰 텍스트 메시지, 채팅 사이트 등의 전자통신 수단을 이용한 왕따를 지칭하는 신종 따돌림

피해 응답자 중 초등학생의 70.3%, 중학생의 66.0%, 고등학생의 56.2%, 일반인의 71.5%가 불안감을 느끼는 등 부정적인 심리변화를 경험하였으며, 사이버폭력 피해 후 가장 많이 든 생각은 초등학생은 '학교 가기가 싫었다'(21.6%), '가해자에게 복수하고 싶다'(21.6%), 중·고등학생, 일반인은 '가해자에게 복수하고 싶다'(각 35%, 30.5%, 41.8%)는 응답이 가장 많았다.

이처럼 심각한 사회 문제로 대두된 사이버폭력에 대응하기 위하여 사이버폭력 예방 및 대처 교육 등 다양한 정책이 마련되어야 할 것이다.

2 위험 이슈와 사회적 갈등

1. 생활 위험 이슈, 먹거리 위험사례

경제활동시간의 증가, 주5일제 근무, 핵가족화, 여성의 사회참여 기회 확대, 국제 여행의 보편화 등의 사회변화는 외식의 기회를 확대시키고 있다. 이는 대형음식점 증가, 식품가공업, 식품유통업 및 외식산업의 발달이라는 푸드시스템의 변화를 잉태한다. 이로써 식품의 원료를 직접 집에서 조리하는 경우는 줄어들고, 가공식품 섭취와 외식의 빈도가 증가하고 있다. 그런데 이러한 상황은 식품 위험에 노출될 수 있는 가능성을 높였다.

식품 안정성 확보, 생활 위험 이슈로 부상

현대인의 식생활 패턴의 변화는 식품 안전성 확보에 있어 중요한 문제로 대두된다. 식품의 원료가 되는 농수산물의 생산에서 시작하여 식품에 대한 처리, 가공, 유통, 그리고 최종소비에 이르기까지의 모든 이해관계자들의 위생 및 안전관리가 요구된다.

식품의 변질 및 오염에 대한 우려와 함께, 각종 식품원료의 생산 과정에서 생산량 증산을 위한 화학비료, 항생물질, 성장 호르몬 및 농약 등의 과다사용은 식품의 원재료 및 가공식품에 대한 우려와 심각성을 증폭시킨다. 또한 식품의 수입이 한층 자유로워지면서 저질 불량식품의 수입에 대한 우려도 높아지고 있는 상황이다. 무엇보다도 큰 사회적 이슈로 증폭되었던 식품 관련 안전사고들이 빈번하게 발생하면서 소비자들의 식품안전에 대한 우려가 현실화되고 있다.

2000년대 국내의 주요 식품안전사고들을 정리하면 다음과 같다.

▶ 납 꽃게(2000): 식품 중량을 늘리기 위해 인위적으로 중국산 꽃게에 납(Pb)을 넣어 수입 판매한 수입업자가 식품위생법 위반혐의로 검찰에 구속된 사건
▶ 불량만두(2004): 검찰이 쓰레기 무말랭이 만두소로 만두를 만들어 유통시킨 업자들을 구속하고, 식약청이 불량만두 생산업체 25곳 명단을 공개한 사건
▶ 말라카이트 그린(2005): 중국산 장어에 이어 붕어, 잉어, 홍민어 등에서 독성 물질인 말라카이트 그린이 잇따라 검출되었고, 국산 향어, 송어, 자라에서도 말라카이트 그린이 검출된 사건
▶ 김치 기생충알(2005): 중국산 김치와 국산 김치에서 기생충알이 검출된 사건으로 기생충알이 묻은 식품을 먹더라도 쉽게 기생충에 감염되는 것은 아닌데, 정부의 충분한 검토 없는 성급한 발표로 인해 소비자의 불안을 키운 식품파동
▶ 학교급식 노로 바이러스(2006): 급식업체인 CJ푸드시스템에서 단체급식을 받는 서울·인천·경기지역 68개 중·고교에서 사상 최대 규모의 집단 식중독 사고 발생
▶ 멜라민 분유(2008): 중국에서 공업용 화학물질인 멜라민을 섞어 만든 분유를 먹고 영아들이 신장결석에 걸린 것으로 나타나자 국내에서도 멜라민이 검출된 중국산 원료를 쓴 과자, 커피크림 등을 회수한 사건

▶ 낙지머리 카드뮴(2010): 낙지머리를 제거하고 먹으라고 권고했지만, 식약청은 서울시가 조사한 낙지 중 중국산 낙지 1건을 제외하고는 모두 연체류의 카드뮴 안전관리 기준 이하로 나타났다고 반박하면서 논란이 가열된 사건

▶ 일본산 식품 방사능 오염(2011): 2011년 3월 11일 일본에서 대지진 쓰나미의 여파로 후쿠시마 제1원전이 폭발하여 방사능 물질이 유출되면서 시작된 사건으로 전 세계 대부분의 나라에서 일본산 식품에 대한 수입규제 실시

이러한 식품안전사고의 사전예방과 위험대응을 위해 커뮤니케이션의 중요성이 강조된다. 정책적 대응도 중요하지만, 식중독, 중금속 등 식품안전과 관련된 위험에 대해 전문가와 소비자, 정부, 미디어 등이 서로 의견을 활발하게 나누는 것이 대단히 중요하다고 하겠다. 이러한 소통이 원활하게 이루어지지 못하면 작은 위험이 엄청난 사회·경제적 파장과 피해를 낳게 되는 것이다. 실제로 2008년 미국산 쇠고기 광우병 파동은 식품안전 문제의 불통이 사회 전반에 얼마나 큰 영향을 미치는지를 여실히 보여주었다.

식품안전 사고가 사회적으로 큰 이슈가 되고 소비자의 막연한 불안이 확대되는 주된 원인은 바로 정부의 미숙한 대응, 언론보도의 문제점에서 기인한다. 정부와 소비자가 식품안전 문제에 대해 소통할 수 있는 통로가 부족하며, 언론은 식품안전사고를 선정적이며 과잉적으로 보도하는 경향을 취하기 때문이다.

먹거리 위험 이슈와 미디어

식품 위험과 관련하여 대중은 개인 및 가족의 건강, 생명과의 직

접적인 연관성으로 인해 식품안전문제에 대해서 민감하게 반응하며, 관련 정보를 충분하게 제공받지 못하거나 불확실한 정보를 제공받는 경우 그 불안감은 더욱 커질 수밖에 없다. 따라서 식품안전에 대한 우려를 불식시키거나 위험인지의 수준을 낮추는 데 있어 정확한 정보 제공은 대단히 중요하다.

식품안전사고가 발생하였을 경우, 대중은 우선적으로 TV, 라디오, 신문, 인터넷 등 다양한 미디어로부터 관련 정보를 제공받게 된다. 이들 미디어는 관련정보를 전달 및 확대하고 재생산하는 과정을 반복하면서 소비자의 인식에 영향을 미치게 된다. 정확하고 분명한 정보를 제공받았을 경우 불안감이 감소될 수 있으나, 부정확한 정보를 접할 경우 오히려 식품에 대한 소비자의 불안감이 증폭될 수도 있다.

한국농촌경제연구원(2011)의 '소비자의 식품안전정보 이용실태와 시사점'에 따르면, 대중은 정보전달미디어를 통해 전달되는 식품과 관련된 다양한 정보 중에서 '식품 위험 및 안전에 관한 정보'에 가장 관심을 가지고 있는 것으로 나타났다. 또한 식품안전과 관련한 정보를 주로 TV, 라디오 등 방송미디어를 통해 접하고 있는 것으로 나타났다.

우리 언론에서 식품 위험은 스캔들(scandal) 차원에서 이미지가 만들어진다. 광우병, 급식대란, 카드뮴 낙지 등과 같은 식품보도는 일반적으로 스캔들 차원에서 다루어지는 경우가 비일비재하다. 이렇게 식품 위험 보도가 스캔들의 형태로 다루어지면 대부분의 소비자는 관련제품에 대해서 불안감은 물론 가혹한 불매저항을 일으키기도 한다.

미디어는 식품 관련 스캔들이 살아 움직이는 천혜의 서식공간이다. 또한 우리가 알고 있는 형태의 식품사고와 그 영향력을 만드는 장본인이기도 하다. 일반적으로 미디어는 사고의 본질, 대처방안보다는 스캔들 또는 부끄러운 사건사고로서 해당 식품 위험을 프레이밍하는 경향이 있다. 미디어를 통해 보도된 식품 관련 사고는 '사회를 지탱하는 구속력 있는 가치와 규범을 침해'하였기 때문에 사회에서 '보편적으로 느끼는 분노에 대한 공적인 격앙'의 대상이 되고 있다.

건강, 식품과 관련하여 미디어는 가장 중요한 정보원으로서 그 위상이 높아지고 있다. 실제로 식품 위험과 관련하여 주요 방송, 신문의 보도는 정부의 발표자료보다도 큰 신뢰를 가져온다. 따라서 신뢰할 만한 언론에서의 식품 관련 사건보도에서 소비자들은 더욱 흥분하기 쉽고, 식품사고의 원인제공자에게 더욱 큰 공분을 느끼게 되는 것이다.

식품 위험을 비롯해 위험보도에서 나타나는 중요한 문제점 중 하나는 바로 해당 위험에 대한 지나친 과장, 왜곡이 많다는 점이다. 저널리스트들은 대체로 위험보다는 손해에 초점을 맞춘다. 이는 곧 실제 피해가 발생하지 않은 경우 사전에 발생확률에 대해 언급하지 않는다는 것을 의미한다. 저널리스트들이 부정확한 정보를 제공하는 것도 문제점으로 지적된다. 이러한 전문지식의 부족은 바로 위험보도에서 선정주의를 발현시킨다. 따라서 위험보도와 관련해서 저널리스트들은 객관성이 없고, 표피적이고, 드라마틱하게 만들고, 그리고 인기영합주의적인 보도를 한다는 비난에서 자유롭지 못하게 된다.

국내 언론의 식품 위험 보도를 살펴보면, 정부발표에 대한 받아쓰기식 보도관행이 여전하다. 대부분의 식품안전 관련 파동은 과학적 근거나 검증 과정 없이 조사 결과를 내놓는 정부에 일차적 책임이 있겠지만 발표만 그대로 받아쓰는 언론의 태도 역시 문제로 지적된다. 실제로 2013년 8월 KBS의 미디어인사이드에서 분석한 결과에 따르면, 어린이들이 밥에 뿌려먹는 불량 맛가루(일명 후리가케) 파동 당시 기사의 취재원을 분석해본 결과, 식약처나 경찰이 56%의 비율로 절반을 넘어서 가장 높은 비율을 차지한 반면, 식품 관련 학계 전문가의 의견을 반영한 기사는 8%에 그쳐 가장 낮은 것으로 나타났다.

언론의 선정주의, 폭로주의도 문제이다. 신중하게 다루어야 할 식품 관련 위험보도의 선정주의, 폭로주의가 심각한 수준이다. 2004년 불량만두 파동 당시 단무지를 만들고 남은 자투리들이 만두소의 재료로 이용되었음에도 불구하고, 언론에서는 '쓰레기 만두소'라는 자극적인 표현을 사용했다. 그 결과 제조사들의 줄도산, 기업체 사장의 자살 등의 심각한 사회문제를 양산했다.

언론은 유해성 여부에 대한 진실성 규명보다는 갈등을 조장하기도 한다. 해당 식품 위험의 실제적인 유해성 여부를 취재하고, 정보를 제공해주어야 하나 언론은 유해성을 둘러싼 이해관계자들 간 공방을 부각시켜 사건의 갈등을 강조하는 경향이 있다.

식품 위험 이슈와 리스크커뮤니케이션

일련의 국내 식품 위험 관련 사고들을 살펴볼 때, 주요 정보원이 되는 정부가 전문성과 공정성 모두에서 충분한 사회적 신뢰를 확보하지 못하고 있는 것을 알 수 있다. 식품 관련 문제가 발생할 경우에 신속하게 대응해서 믿을 수 있고 일관되고 사회가 공감할 수 있는 정보를 제공해준다는 확신을 심어줘야 하지만 그러한 부분이 미흡했다고 하겠다. 불량 만두소 사례의 경우, 26개 업체 명단을 발표하여, 모든 업체가 문제가 있는 것처럼 취급하다가 추후 13개 업체만 문제가 있는 것으로 번복해 정부에 대한 신뢰도가 추락했다.

식품 위험 등 일상적 위험 이슈가 급격히 증가하는 추세

최근에도 그렇지만 식품안전 관련 위험커뮤니케이션은 위험에 대한 정보를 소비자에게 일방적으로 전달하는 데 그치고 있다. 이러한 일방향성의 가장 큰 원인은 바로 일반대중의 위험인식에 대한 이해 부족에 기인한다. 식품안전 문제에 대한 정보를 전달할 때 전문가의 위험판단과 일반인의 인식이 왜 차이가 나는지를 명확하게 설명하고 이해하려는 노력이 부족하다고 하겠다.

그간 우리 정부는 식품 위험 관련 사건이 발생하면 정부기관이 그 발생 원인을 규명하고, 수사 과정을 발표하며, 사후처리까지 약속하는 패턴을 반복해왔다. 정부가 올 라운드 플레이어(all-round player)의 역할을 자임해 온 셈이다. 하지만 한국농촌경제연구원(2011)의 소비자 조사에 따르면, 정부 제공 정보뿐만 아니라 민간전문가나 시민단체에 대한 정보신뢰도도 대단히 높은 상황이다. 위험커뮤니케이션 전 과정을 정부가 독식할 것이 아니라, 민간전문가와 시민단체의 참여를 통해 견해의 다양성을 확보하려는 노력이 요구된다고 하겠다.

2008년 광우병 이슈와 촛불집회

2008년 여름, 촛불을 든 소녀들이 광장에 모였다. 미국의 광우병 위험 소 수입 반대운동이 들불처럼 번져나갔다. 소녀들까지 거리로 나서게 된 데에는 여러 이유가 있겠지만, 무엇보다 광우병이라는 이슈가 바로 우리네 먹거리를 위협하는 문제이기 때문이다. 가정(식탁), 학교(급식), 군대(급식) 모두 먹거리와 관련되기에 민감할 수밖에 없다. 바로 우리네 삶, 생활과 직결되는 위험인 것이다. 때마침 조류독감으로 살처분되는 닭과 오리의 풍경은 두려움을 보다 실감하게 해준다. 그래서 저 멀리 미얀마의 태풍, 중국의 지진으로 인한 엄청난 피해와 혼란보다 흐느적거리는 광우병 의심 소의 모습이 온통 우리의 관심을 사로잡는다.

광우병 사례와 같은 생활 위험 이슈는 의견 경쟁을 야기한다

이처럼 최근 리스크이슈는 우리 생활에 직접적인 영향을 끼친다.

원자력 등 커다란 이슈가 아니다. 삶 속에 스며있는 '생활 위험'인 것이다.

2008년 4월 18일 타결된 한미 쇠고기 협상의 내용이 언론보도를 통해서 중요한 사회적 아젠다로 대두하면서 여론의 주체인 공중 간 이에 대한 의견경쟁이 심화되었으며, 수입반대의견을 가진 공중들은 자신들의 의견을 정책에 반영하기 위해 5월 2일 촛불집회를 개최했다. 5월 2일 제1회 촛불집회 이후 8월 현재까지 수입반대 의견을 가진 공중들과 수입찬성 의견을 가진 공중들이 전국에서 다양한 형태의 집회를 이어갔다.

쇠고기-촛불정국 관련 주요사건 일지

4.18. 한미 쇠고기 협상 타결
4.29. PD수첩 '긴급취재! 미국산 쇠고기, 과연 광우병에서 안전한가?' 프로그램 방영

5.2. 제1차 촛불집회 개최
5.6. 농식품부, 언론중재위에 PD수첩(4.29. 방송) 상대 '반론-정정' 조정신청
5.7. 지방(광주, 마산, 대전 등)으로의 촛불집회 확산
5.13. PD수첩, '미국산 쇠고기, 과연 광우병에서 안전한가?' 2편 방송
5.15. 정부, 장관고시 연기
5.22. 대통령 대국민 담화 발표
5.24. 17차 촛불집회(첫 연행자 발생)
5.29. 정부, 정운찬 장관이 '미국산 쇠고기 고시' 발표
5.31. 촛불집회에 물대포 등장, 과잉진압 논란

6.2. 美 쇠고기 고시 전격 연기
6.6. 72시간 연속 촛불집회 시작
6.10. 6월 민주항쟁 21주년, 100만 촛불대행진/국무위원 일괄사의 표명
6.20. 한미 추가 협상 사실상 타결/농식품부, 명예훼손을 이유로 'PD수첩' 검찰수사 의뢰
6.24. PD수첩, '쇠고기추가협상과 PD수첩오보논란의 진실' 방송
6.26. 농식품부, 새 쇠고기수입위생조건 고시 관보 게재

7.1. 방통심의위 전체회의, '미국산쇠고기, 광우병에서 안전한가' 편에 대해 심의
7.6. 대책회의 지도부 6명 조계사에서 농성 시작
7.7. 광우병 국민대책회의의 주말 촛불집회 집중 기자회견
7.15. 미국산 쇠고기 공동판매 실시
7.29. 뼈 있는 쇠고기 4년 7개월 만에 수입 재개

촛불정국을 '중계'하는 언론의 문제점 및 대안

방송 뉴스에서 쇠고기-촛불 정국은 매우 비중 있고 중요한 이슈로 다루어졌다. 대부분의 뉴스아이템을 시청자들의 관심을 끄는 전면부에 배치하고(거의 대부분이 1~5번째 순위에 배치), 상당한 기사 수를 투자하는 등(총보도량은 113,763초이며 평균적으로는 113초를 보도) 이번 쇠고기-촛불 정국은 방송 3사에서도 초미의 관심사이며 중요한 의제로서 다루어졌다.

특히 6·10항쟁이나 쇠고기 장관고시의 강행이나 유보, 대규모 촛불집회 등의 특정한 이슈가 있을 경우에는 평균적으로 10여 건이 넘는 보도 수를 보였다. 하지만 전반적으로 쇠고기-촛불 정국을 장기적·성찰적인 자세로 접근하기보다는 일부의 기사화거리가 될 수 있는 이슈에만 초점을 맞추어 보도의 진폭이 유달리 컸던 점은 문제점으로 지적된다.

뉴스 주제의 중요한 순위는 '쇠고기 협상→촛불집회→광우병 논쟁→정치권 대응·반응' 등의 순서였다. 쇠고기 협상의 경우 재협상, 추가협상, 고시 등 다양한 파생 주제들을 포함하고 있으므로 가장 많이 다루어진 주제였다.

쇠고기-촛불정국 관련 보도는 진실과 진실의 충돌, 주장의 충돌이 계속되는 갈등구조를 형성했다. 정부의 문제(정보 공개), 과학계의 문제(과학적 사실 제공), 언론의 문제(팩트 전달) 등이 중첩되어 혼란을 유발했다. 팩트와 인식 간 차이가 크게 발생했다. 예컨대 광우병이 얼마나 위험한가 하는 팩트와 그 위험을 국민이 얼마나 크게 느끼느냐 하는 것 사이의 차이, 언론사 간 차이 등이다.

정치적 사안으로 전환되면서 사실과 의견의 구분이 소홀해졌다. 언론은 갈등이슈의 전달자인데, 갈등이슈의 생산자인 것처럼 보도하는 행태를 보였다. 방송보도가 오히려 갈등과 분열을 조장하는 역할을 했다.

무엇보다 쇠고기－촛불정국 보도는 중계보도 수준이었음을 지적하지 않을 수 없다. 올림픽 중계를 보는 듯한 인상을 주기에 충분했다. 마치 스포츠를 중계하듯, 갈등상황을 묘사하는 데 급급했다. "～카더라, 오늘은 몇 명이 모여……, 누가 어디를 다쳐……, 몇 명이 연행되었더라……" 등이다.

현장을 중계하는 데 치중함으로써 주제 중심의 프레임이 아닌 에피소드 중심의 프레임을 선호한 것이다. '현장의 ○○○기자 지금은 시위대가 어디로 행진 중인가요?', '보수단체와 시위대가 서울광장에서 충돌을 빚었습니다' 등의 에피소드 중심의 중계보도행태가 그러하다.

방송사 입장에서 촛불시위는 하나의 이벤트처럼 보도가치가 있는 아이템이었던 것이다. 사회적 갈등 프레임과 감성자극 프레임에 집중했다고 하겠다. 이는 언론에서 쟁점을 심층적으로 다루기보다는 단순히 사회적 갈등으로만 보는 경향이 크다는 것을 의미한다. 이번 쇠고기－촛불 정국에서도 '보수와 진보', '폭력경찰과 평화적인 시위대' 등의 갈등 구조와 어린 아기를 태운 유모차를 끌고 나온 어머니들, 광우병 걱정에 교실을 뛰쳐나온 여고생들의 감성자극 프레임이 중요하고 빈번하게 다루어졌다.

예컨대 무능하고 무책임한 대통령과 청와대 그리고 각료들, 강경하게 시민들을 제압하는 검·경, 무능력한 여당과 민심의 대변자로서의 야당과 시민단체, 정부의 무능에 대한 민심의 심판을 위해 거리에 나선 시위대, 일부 보수단체와 보수 언론의 정부옹호 비난, 진보 언론에 대한 지지 등이다.

민주 사회에서 사회 갈등은 특정 사안을 두고 이해관계에 있는 집단들이 대화와 협상으로 문제를 해결해 가는 과정에서 나타나는 자연스런 현상이다. 이를 위해 TV뉴스는 갈등 사안에 대해 부정적 보도를 지양하고 적극적인 중재자로서 여론 수렴의 장을 제공해야 한다. 갈등이슈에 관련된 여러 의견들이 제시되어야 하며, 특정 집단에 대한 편향적인 지지를 지양하고 균형을 유지할 필요가 있다. 더불어 부정적 이미지를 강조해 성급한 해결을 유도하기보다는 장기적, 거시적 안목의 해결이 유도되도록 심층적인 보도가 이뤄져야 한다.

요컨대 쇠고기-촛불정국 관련 보도는 가치판단을 유보하고 중립적인 입장을 다루기보다는 대립 지향적인 보도 경향이 강했다고 하겠다. 갈등의 배경과 원인 등에 대해 공정하고 적절하게 다루지 못했으며, 대부분 갈등 전개 양상과 파급효과에 대한 부정적 성향의 보도가 압도적이었다. 갈등의 해결과 대안에 대한 심층보도가 부족했으며, 집회나 폭력행위 등의 사건 중심적인 보도경향을 보였다.

이러한 문제점들을 중심으로 개선 사항을 지적하면 다음과 같다.

첫째, 향후 쇠고기-촛불 정국과 같은 갈등 이슈를 어떠한 방식으로 보도할 것인가에 대한 가이드라인 또는 보도준칙의 제정이 필요하다. '어떠한 주제들을 어느 시기에 사회 의제로 정해 중점적으로 다룰 것인지'에서부터 인터뷰와 발표문 인용, 보도영상의 구성 등에 대해 구체적인 사항들에 대한 가이드라인이 상세하게 필요한 상황이다.

둘째, 갈등이슈로 부각되는 사안에 대해 갈등 초기부터 거시적 안목에서 접근하는 자세가 요구된다. 지나치게 근시안적인 보도태도는 성급한 해결을 촉구함으로써 사회적 갈등이 가져오는 긍정적인 기여, 즉 건강한 논쟁을 통해 새로운 해결책을 싹 틔울 수 있는 여지를 막을 수 있기 때문이다.

셋째, 다양한 출처와 쟁점들을 균형적으로 다양하게 보도함으로써 사회적 갈등을 두고 시청자들이 올바르고 객관적인 판단을 내릴 수 있도록 해주어야 한다. 일부 인터뷰 대상자에 대한 의존과 편향된 영상 및 기자나 앵커의 담화는 시청자들에게 사안에 대해서 냉철한 판단을 내릴 수 있는 기회를 박탈하기 때문이다.

넷째, 사회적 갈등은 보도 소재로서의 속성상 부정적인 내용이 있을 수 없다. 따라서 특정 이슈에 대해서 지나치게 부정적, 대립 지향적으로 접근하는 태도를 지양하고 언론이 중립지대에서 바라본 해결책에 초점을 두고 보도해야 한다. 객관성이라는 명목하에 부정적 이벤트와 행위들을 단순 보도하는 것은 정작 갈등 해결에 도움을 주지 못하고 오히려 편파적인 보도라는 비난을 받을 수 있는 부분이기 때문이다.

식품 위험 관련 커뮤니케이션 개선 방안

그간 언론은 식품사고를 스캔들화하여 식품 위험, 위해성에 대한 정보 제공보다는 대중에게 식품 위험에 대한 분노와 격앙을 고양시켜 소비자의 불안감을 증폭시켜 왔다.

위험 정보원으로서 정부는 권위부족(발표자료 왜곡, 부정확성),

대중의 위험인식에 대한 이해노력 부족, 전문가 활용 미흡(정부가 올라운드 플레이어, 즉 해결사를 자처) 등의 한계를 보여 왔다. 결국 우리 사회의 식품 위험을 둘러싼 위험커뮤니케이션 시스템은 여전히 취약한 수준이다. 식품 위험과 관련한 효과적인 위험거버넌스를 위해 체계적인 시스템화의 과제를 이루려는 노력이 절실하게 필요한 시점이라 하겠다.

위험커뮤니케이션은 이슈에 대한 틀을 잡는 것부터 위험의 영향을 모니터링 하는 것까지 전체적인 위험관리에 대한 체계적인 사슬이 필요하다. 위험커뮤니케이션의 구체적인 행위는 위험의 맥락과 조건, 그리고 위험이 만들어낼 수 있는 사회적인 우환이 있는지 등에 대한 위험의 특성을 반영시켜야 한다. 결국 식품위험사고와 관련한 위험커뮤니케이션이 상기 역할론을 수행하기 위해서는 위험 저감과 예방을 위한 도구적 역할에 충실해야 하는 바, 위험커뮤니케이션의 범국가적 시스템화가 요구된다. 정부 차원에서는 위험커뮤니케이션 활성화를 위한 전문조직(전문인력 양성)의 육성, 평소 다양한 식품 위험 이슈에 대한 모니터링과 동향분석 등의 노력이, 언론은 정보의 통제와 왜곡이 발생하지 않도록 전문성과 정확성을 담보하기 위한 보도준칙이 필요하다. 소비자들도 적극적인 위험감시자로서의 능동성을 발휘해야 할 것이다.

2. 과학기술 위험 이슈, 원자력 위험사례

심각성이 커지고 있는 지구온난화에 대한 대응방안으로 온실가스

배출을 줄이는 신재생에너지 및 청정에너지 개발에 국가의 역량을 집중하는 등 세계 각국이 '소리 없는 에너지 전쟁'을 치르고 있다. 특히 현실적 대안으로 원자력 에너지에 대한 관심이 어느 때보다 고조되고 있다. 현재 우리나라의 원자력 규모는 세계 6위로, 4곳에 총 20기의 원자력발전소를 운영하고 있으며 국가 전력의 40%를 원자력이 담당하고 있다. 또한 미국과 유럽이 최근까지 원전 건설을 중단한 반면, 우리는 지속적으로 대형 원전을 건설해 오면서 세계적 수준의 원전기술을 갖추고 있다. 녹색성장을 주도할 수 있는 주요 에너지원으로서 원자력이 각광받는 중요한 이유이다.

그럼에도 불구하고 여전히 원자력 관련 정책을 추진하는 과정에서는 많은 어려움에 직면하고 있다. 원자력이 '국가 경쟁력의 핵심 동력'이라는 정부의 슬로건에 많은 국민들이 심정적으로는 동의하고 있으나, 원자력 관련 정책의 추진에 대한 타당성과 정당성에 대한 합의와 사회적 이해는 제대로 구축되지 못해 사회적 갈등국면으로까지 나아가고 있다.

특히 원전 관련 시설의 입지 선정과정에서 사회적 갈등양상은 두드러지게 나타나고 있다. 안면도, 위도 등의 원전시설 부지 선정 때마다 지역주민이나 환경단체의 격렬한 반대에 직면하여 결국 선정 자체가 백지화된 경우가 비일비재하다. 이는 총체적인 정부의 위험관리와 커뮤니케이션의 문제점으로 귀결된다. 정부가 적절한 타이밍에 위험관리를 제대로 수행하지 못하거나, 정치적인 순기능을 통해 대중의 불만과 갈등을 제대로 해소해내지 못하면 결국 위험에 대한 갈등과 불안은 정부의 정치시스템에 대한 총체적인 불신과 불만으로 이어질 수밖에 없는 것이다. 이를 분명하게 보여준 사례가 바로

2008년 미국산 쇠고기 논쟁으로 인한 광우병-촛불 정국이다. 또한 방폐장 이외의 많은 혐오시설의 건립에서도 이와 같은 문제점을 지속적으로 확인할 수 있다.

그동안 원자력과 관련된 다양한 정책추진사례들을 보면 정부의 대처방식과 정책추진과정에서 커뮤니케이션의 미흡성이 여실하게 드러난다. 꾸준한 문제점으로 지적되어 온 부정적 상황만을 타개하기 위한 미봉책과 회피성 정책커뮤니케이션의 관례를 해결하기 위해서는 무엇보다도 다양한 측면의 원자력 리스크에 대응하기 위한 정책커뮤니케이션에 대한 새로운 논의와 적절한 진단이 필요한 시점이다.

위험커뮤니케이션의 중요성이 부각되면서 1980년대 중반 미국과 독일 등지에서는 위험커뮤니케이션 관련 연구들이 활발하게 진행되었고, 특히 원자력 시설 입지와 같이 불가피하게 채택되어야 하는 위험정책 수립의 원만한 해결과정으로 위험커뮤니케이션적인 시각은 폭넓게 적용되어 왔다. 미국과 유럽 등이 보다 체계적이며 대중의 지각과 인식에 근거한 위험커뮤니케이션 시스템을 구축하려는 노력을 기울이는 것에 반해, 일방적인 정책강행을 시도하여 큰 반발을 샀던 부안의 방사성폐기장 건립 반대사태에서도 확인할 수 있듯이 우리의 위험커뮤니케이션은 여전히 정책당국이 주도하고 있는 일방향적인 '갈등 후 대응' 수준에 머무르고 있는 것이 현실이다.

2008년 미국산 쇠고기 논쟁이 촉발한 광우병-촛불정국은 위험 이슈에 대한 국민저항이 거대한 흐름으로 나아갈 수 있음을, 국가·사회적 혼란을 잉태할 수 있음을 강력히 시사하고 있다. 광우병과 같은 사회적 위험 이슈에 대한 불확실성과 통제 불가능한 위험성에 대한 공포가 확산되면 대중은 당면한 위험에 대해 직관적 판단에 따라 '분노'라는 형태로 감정을 표출함을 보여준다. 정부가 적절한 위험관리를 해내거나 정치적 순기능을 활용해 대중적 분노를 제어하지 못하면, 위험담론은 정치시스템에 대한 총체적 불신으로 이어질 수 있음을 예측하게 한다. 이는 위험 이슈에 대한 정책커뮤니케이션의 중요성을 체험으로 익히게 한다. 원자력 이슈에 대한 정책커뮤니케이션이 보다 중요해지는 이유는 바로 이러한 사례에서 찾을 수 있다.

원자력 위험 이슈의 유형

체르노빌 원자력 사건 이후 원자력의 안전성 확보를 위한 사업자와 정부의 노력으로 인해 대규모의 원자력 안전 관련 사고가 발생하지 않게 되면서 전문가들 사이에는 향후 원자력과 관련한 큰 사고가 발생하지 않을 것이라는 암묵적인 낙관론이 지배적인 상황이다. 특히 이는 탄소세 부과와 다른 현실적 에너지 대안이 없다는 사실에 기반을 둔 최근의 원자력 르네상스에 대한 강한 기대와 연결되어 더욱 강화되고 있는 추세이다. 물론 2007년 일본의 니가타 지방을 강타한 지진으로 인근에 위치한 가리와 원자력발전소에도 막대한 피해가 발생, 우려의 시선이 쏠리고 있지만 전문가들은 안전성에 문제가 될 만한 심각한 문제는 없었다는 데 동의하고 있다.

그러나 원자력에 대한 공학적 안전성이 상당부분 입증되어 있는 상황에서도 전문가들의 낙관적인 기대와는 달리 위험 속성을 그 내재적 특성으로 하는 대중(일반시민)은 원자력에 대해 다음의 위험 특성들을 여전히 갖고 있다(조성경, 2003b).

첫째, 원자력은 고도의 과학기술-지식에 근거한 이슈로 일반시민의 이해 범위를 훨씬 능가한다는 점이다. 원자력과 이와 관련된 위험을 이해하기 위해서는 상당한 지식수준을 필요로 한다. 일반적으로 사용되는 용어 자체도 일반시민들에게는 매우 낯설게 구성되어 있다.

둘째, 원자력으로 인한 위험은 비가시상을 특성으로 한다. 결과에 대한 예상으로 위험 자체에 대한 사전 경험이 불가능하다는 의미이다. 따라서 불확실성에 근거하고 있으므로 논란의 가능성이 항상 존재한다.

셋째, 원자력에 대한 위험에는 건강 및 환경에 대한 피해뿐만 아니라, 스티그마(stigma)[1] 효과로 인한 경제적 손실과 가치·문화적 부담이 포함되어 있다. 즉, 원자력기술과 시설이 설치된 장소, 그 장소에서 출하되는 생산물 등에 대한 사회의 부정적인 이미지는 실질적인 피해를 발생시킬 수 있다.

넷째, 원자력으로 인한 위험은 분배의 불평등성을 내재하고 있다. 이는 위험에 따른 비용은 일부에 집중되는 데 비해 그 편익은 사회 전체에 분산되는 속성을 말한다.

다섯째, 원자력에 부가된 위험은 사회적으로 공인된 것으로 정치적인 성격을 띠고 있다. 다시 말해, 그 정책의 결정 과정 및 결정에 대해 정치적인 고려가 개입될 수밖에 없다.

---

[1] 스티그마(stigma)의 개념에 대해 고프만(goffman)은 고대 그리스인들이 사용하던 단어로부터 유래되었는데 특정인에게 불명예(infamy)나 치욕(disgrace)과 같은 의미를 지칭할 때 사용되었다고 논의하고 있으며(Flynn et al. 2001), 국문 표현으로는 오명, 치욕, 오점, 낙인 등으로 표현할 수 있다. 스티그마의 과정은 사회 내에 존재하는 다양한 채널을 통한 정보획득의 과정, 그리고 개인적 인지의 과정을 거쳐 구체적인 대상에 대한 특정한 성향과 이미지를 형성하게 되는데, 특히 일반적으로 위험커뮤니케이션 과정에서 특정 대상에 대한 '위험성이 높음'이라는 인지와 이미지 생성이 스티그마로 인해 유발되게 된다는 것이 학자들의 견해이다.

여섯째, 원자력과 이에 따른 위험 대상은 전 지구적이며, 사적인 통제가 불가능하다. 물론 위험 상황이 발생할 경우, 일시적으로 지엽적인 피해로 마무리될 수 있으나, 잠재성을 고려할 때 그 범위는 무차별적으로 확대될 수 있다.

교육과학기술부의 '2009년도 원자력안전규제 중점과제'에 따르면 ① 최상의 원자력 안전 확보, ② 안전규제 최적화, ③ 안전규제 국제화, ④ 안전문화 확산과 국민신뢰 제고의 4가지 정책목표가 제시되어 있다. 본 연구에서는 그중 4번째 정책목표로 제시된 '안전문화 확산과 국민신뢰 제고'에 초점을 맞추어 원자력 위험의 이슈의 유형을 구분하고자 한다. 원자력 위험은 흔히 방사선 발생장치에 의한 조직세포의 사멸이나 돌연변이 등의 치명적인 신체적 위협을 일으키는 상황을 일컫는 경우가 많다. 하지만 여기서는 신체적 위협을 야기할 수 있는 위험을 의미하는 '사건사고 이슈' 외에도, 원전시설 건설에 따른 국민운동(촛불 집회 등), 정부의 원전 중심 에너지정책에 대한 반발확산 등을 포괄하는 '일반 이슈'와 원전시설과 관련한 금전적 보상문제, 사업주체와 정부에 대한 신뢰문제 등 지역민의 불만고조, 환경영향평가결과 등 안전 관련 정보 공개에 대한 지역민의 요구, 원전시설 건설반대 등을 포괄하는 '지역갈등 이슈'를 원자력 위험 이슈의 세 가지 유형으로 분류한다. 실제로 '안전문화 확산과 국민신뢰 제고'의 하부 안에는 '안전정보의 공개와 대중커뮤니케이션 강화'가 제시되어 있는데, 여기서는 원자력 위험 이슈를 방사능 누출 등의 직접적인 사건·사고 관련 이슈 외에도 실제 일반국민 그리고 지역주민들을 대상으로 한 대중커뮤니케이션 과정에서 야기될 수 있는 갈등이슈로 확장하여 논의하고자 한다.

우선 논의될 수 있는 원자력 위험 이슈는 '일반 이슈'이다. '일반 이슈'의 경우 방사능 누출과 같은 특정한 사건·사고가 발생한 경우가 아닌 평상시 원자력 이슈에 대한 일반국민이나 반핵단체 등의 부정적 인식을 가진 집단들과 관련된 다양한 갈등이슈를 의미한다. 예컨대 일반국민들이 정부가 '녹색성장'의 중요한 모멘텀으로 내세우고 있는 원자력 중심의 에너지 정책에 대해 충분한 사전지식을 갖지 못해 이에 대해 부정적 시각을 갖게 되면서, 반핵 블로그 등의 개인 사이버 공간을 개설하거나 원자력 관련 정보제공 사이트를 공격하거나 게시판에 비판 글을 지속적으로 올리는 등의 대규모 사이버시위를 진행하는 경우와, 이러한 사이버 집회가 많은 인원들이 참여하는 촛불집회로 확장되어 반정부 시위로 변화될 경우가 대표적인 사례라고 하겠다. 또한 정부의 원자력 관련 정책에 부정적인 견해를 표명하면서 지속적인 시민운동과 성명서 발표를 통해 원자력에 대한 부정적인 인식을 결집하는 반핵 관련 시민단체의 평상적인 활동들도 '일반 이슈'의 범주에 넣을 수 있다. 국내에서 발생한 '일반 이슈'와 관련한 대표사례는 2009년 6월부터 큰 논란이 되어 온 경주 방폐장 안전성 문제를 둘러싼 사회단체들의 문제제기 사례를 들 수 있다. 동굴방식에 대한 안정성 문제가 부상하면서 경주시의회는 물론 경주 경실련 그리고 반핵단체들이 공사 중단을 요구하는 사태로 발전하였다. 이에 한국방사성폐기물관리공단은 6월 17일 방폐장(중저준위 방사성폐기물 처분시설)의 안전성 논란과 관련해 '경주 방폐장 부지의 암반상태는 화강암지대로 부지조사 및 안전성평가를 통해 확인한 대로 방폐물 처분시설 부지로 전혀 문제가 없다'고 맞서고 있는 상황이다(연합뉴스, 2009.6.17).

다음으로 논의될 수 있는 원자력 위험 이슈는 '지역갈등 이슈'이다. 원전 관련 시설의 건립 및 운영과 관련된 지역주민들(이해관계자 포함)과의 다양한 갈등이슈를 의미하며, 직접적인 이해관계가 충돌한다는 점에서 가장 첨예한 갈등구조를 만들 수 있는 이슈이기도 하다. 물론 정부가 방폐장과 관련한 정책을 추진하던 영덕·울진·영일(1986~1989), 안면도(1990), 울진·영일·장흥·고성·양양·안면도(1991~1992) 등으로 대표되는 초기상황보다 현재는 첨예한 지역갈등 상황이 많이 줄어들기는 했지만, 여전히 '지역갈등 이슈'는 복합적이고 고려해야 할 요인이 많은 중요한 원자력 위험 이슈이다.

'지역갈등 이슈'는 크게 원자력 관련 시설의 건립계획과 건립기간 중에 발생하게 되는 갈등이슈와 건립 이후 운영과정에서 발생하게 되는 두 가지 영역으로 구분될 수 있다. 전자의 경우 그동안 원자력 시설(원전, 방폐장)의 건립 과정에서 벌어진 일련의 지역주민의 저항 사태들이 그 대표적인 사례라 할 수 있겠다. 원전시설과 관련한 지역 갈등의 원인은 주로 비밀스러운 정책결정과 경찰력을 동원한 지역민들의 반대시위 억압, 지역민들에 대한 홍보노력 부족 등이 복합적으로 작용했다고 볼 수 있다. 또한 국회의원, 도지사, 군수, 시장, 군위원, 면장, 이장, 주민들 사이의 공식적인 커뮤니케이션이 너무 복잡하게 얽힌 것도 지역민들의 갈등을 증폭시킨 주요한 원인이다(최연홍, 2001). 실제로 금전적 보상에 대한 불만, 정부정책에 대한 신뢰의 결여 등이 복합적으로 작용하여 시설 건립이 지연되거나, 전면 백지화되는 등의 부정적인 결과를 초래하기도 하였다. 후자의 경우에는 원자력 관련 시설의 입지 이후에도 발생하게 되는 사업주체와 정부에 대한 신뢰붕괴로 인한 지역민들의 불만고조(경제보상과 보상시설 건립 등의 불이행 등), 환경영향평가결과 등 안전 관련 정보 공개에 대한 지역민의 요구 증대와 불만 표출 등이 대표적인 사례이다.

마지막으로 '사건사고이슈'는 인재 혹은 천재지변 등으로 인해서 원자력과 관련한 사건·사고가 발생하여 혼란과 피해가 극심하여 이를 실제로 대응해야 하는 상황이 일어났음을 의미한다. '사건사고이슈'와 관련된 사례들은 갈등의 문제라기보다는 심각한 인명의 살상을 초래할 수 있는 매우 시급한 상황들이다. 예컨대 운전미숙이나 정비불량, 정지 등으로 인한 원전의 방사능 누출 사고 발생, 천재지변이나 불가항력적인 문제로 인한 원전시설 파괴로 인한 방사능 누출 사고 등이 그 대표적인 사례라고 하겠다.

원자력 위험 이슈의 유형구분

유형구분	특성	주요사례
일반 이슈	• 정부의 원자력 정책기조에 대한 반발과 부정적 견해가 해당 이슈 발생에 대한 주요동인 • 특정한 사건·사고 발생보다는 더욱 폭넓은 개념 • 대응이 필요한 이해관계자는 일반 국민, 반핵단체 등으로 더욱 폭넓음 • 설득 커뮤니케이션 차원에서의 접근 필요	• 원전시설(발전소, 방폐장) 건설에 따른 국민운동(촛불집회, 사이버 시위) • 정부 원자력 정책기조에 대한 반발(일반국민, 반핵단체)
지역갈등이슈	• 실제 원자력 관련 시설의 건립 및 운영과 관련한 지역주민들과의 갈등구조가 이슈 발생에 있어서의 주요동인 • 수시 대응이 필요한 이슈 • 설득 커뮤니케이션 차원에서의 접근 필요	• 건립 이전과 건립기간: 보상문제, 원자력에 대한 부정적 인식 촉발로 인한 갈등 등 • 건립 이후 운영기간: 정부와 사업주체의 약속 불이행으로 인한 신뢰 붕괴
사건사고이슈	• 원자력 관련 사건·사고 발생으로 치명적인 인명피해를 입을 수 있는 이슈 • 수시 예방 대응이 필요한 이슈 • 위기대응 커뮤니케이션 접근이 필요	• 운전미숙, 정비불량 등 인재로 인한 원전사고의 발생 • 천재지변이나 불가항력적인 문제로 인한 원전사고 발생

원자력 정책커뮤니케이션의 개념

일반적으로 기피시설을 대상으로 한 정책은 원활한 실행이 쉽지 않은 것이 현실이다. 기피시설로 대표되는 원자력시설을 대상으로 한 원자력정책 역시 예외는 아니다. 이는 원자력정책이 그 속성상 편익과 배분의 불공평성을 상시적으로 내재하고 있기 때문이기도 하다. 원자력 관련 해당 시설이 입지하는 지역은 환경변화와 주민 생존권 위협, 지가 하락 등의 부담을 감수할 수밖에 없다는 의미이다. 따라서 원자력 관련 정책은 편익의 공유화와 비용의 사유화라는 대립적인 논리를 내재한 대표적인 정책이라고 할 수 있다(Michael et al, 1983). 과거에는 원자력 정책의 개념이 원자력 시설 건립과 관련된 지역주민 중심의 정책개념이었다면 최근에는 녹색성장 견인을 위한 에너지 정책, 원자력 사고대응을 위한 관리정책 등으로 그 대상의 폭이 더욱 넓어지고 있는 추세이다.

한편, 원자력정책에 주로 사용되는 행정적 메커니즘은 DAD(Decide-Announce-Defend)방식이다. 우선 공학적인 분석을 바탕으로 시설의 필요성을 제시하고, 이에 대해 기술적인 선택을 한다. 그런데 선택 과정에 있어 해당 선택에 반하는 이해집단과의 논의는 생략 혹은 형식적인 것이 보통이다. 이렇게 수립된 정책은 일반인에게 공표된다. 그러나 일방향적인 정책 공표가 많기 때문에 이에 대한 반응은 반대 혹은 저항으로 나타나는 경우가 많다. 이에 대해 정부는 그 입장을 다양한 방법을 통해 방어하려고 한다. 이것이 바로 DAD방식의 마지막 단계이다. 바로 일방성이 DAD방식의 돌출되는 특성이라 하겠다. 그러나 사회가 다원화될수록 정부에 의한 일방적인 정책 주도는 관련 이해집단 그리고 지역주민과 국민들로 하여금 강력한 반발을 유발하는 결과를 낳는다. 이는 기대했던 정책의 집행이 정책 자체의 백지화를 감수해야 하는 역설적인 상황을 낳고 있기도 하다(조성경·오세기, 2002).

구체적으로 방폐장 건립이 전면 백지화된 2003년 부안 위도사태를 들 수 있겠다. 부안 위도의 경우 당시 김종규 부안군수가 지역민들의 충분한 민의 수렴 없이 산업자원부에 원전수거물관리시설 유치를 신청하면서, 부안군민들의 반대시위가 시작되었고 별다른 대책 없이 산자부가 위도를 후보 부지로 선정한다고 발표하였다. 이에 지역주민들의 저항이 격렬해졌고, 연일 반대시위가 이어졌다. 주민들을 달래기 위한 각종 대책들이 나왔지만, 오히려 주민들을 달래기 위한 미봉책으로 간주되었다. 결국 경찰의 과잉진압으로 인해 사태가 더욱 악화되면서 정부는 12월 부지선정을 사실상 백지화하였다(한동섭·김형일, 2005). 이는 전형적인 DAD방식의 문제점이 여실하게 나타난 사례라고 하겠다.

일반적으로 원자력 관련 정책은 과학기술과 위험, 분배의 형평성, 정치경제 등 다양한 문제들을 포괄하고 있다. 이러한 복합적인 특성들을 고려하지 않은 일방적인 정책의 추진은 결국 NIMBY 등의 갈등과 분쟁의 원인이 될 수 있다. 원자력 정책과 관련된 문제는 하나의 잣대로 풀어가기에는 지극히 다차원적인 속성을 갖고 있다. 이는 단순한 지역주민의 반응으로서가 아니라 기술공학적인 배경을 바탕으로 사회적 분배와 총체적 복지, 정치적 독립성과 절차적 민주성 그리고 행정의 효율성과 개인의 가치관 등 다각적인 차원에서 입체적으로 다루어져야 할 문제임에 틀림없다.

한편 원자력 정책의 개념은 특히 국민이해 증진, 사회적 합의를 구축하기 위한 정책커뮤니케이션의 개념과 연관되어 있다. 즉, 원자력과 관련한 일방적인 정책 전달 행위가 아니라, 새로운 사회적 요구들을 수렴하고 이를 정책에 반영할 수 있어야 한다는 것이다. 이를 위해서는 정책 집행 및 수행주체 그리고 정책의 대상이 되는 국민과 지역주민 간의 원활한 커뮤니케이션이 무엇보다도 중요한 부분이다.

따라서 새로운 원자력 정책커뮤니케이션은 원자력 분야의 우호적인 여론형성, 국민이해 증진, 사회적인 합의, 위험행위에 대한 대응 등을 포괄한 긍정적인 결과산출을 그 주요한 목표로 삼아야 한다. 이와 관련하여 국제원자력기구나 국제원자력계에서 통상적으로 사용되고 있는 PA(Public Acceptance)의 개념 역시 긍정적인 원자력 정책커뮤니케이션의 효과를 얻기 위해서는 염두에 두어야 할 부분이다. PA는 Public(공중, 국민)과 관련하여 사용되는 일반 용어이며, PR과 유사한 개념으로 볼 수 있다. 하지만 PA는 최종적인 목표는 대중의 합의임을 고려할 때 PR보다는 더욱 광범위한 개념으로 사용될 수 있다.

이러한 여러 개념들에 의거할 때 본 연구에서 제시하고 있는 '원자력 정책'과 '원자력 정책커뮤니케이션'은 원자력과 관련한 국민의 이해증진, 국민적 합의 증진을 위한 정책과 이러한 정책을 추진하기 위해 정책 추진체와 국민 간의 의사소통 활동의 제반과정들을 총체적으로 의미한다고 하겠다.

원자력발전소 및 방폐장 건립과 같이 국가차원에서 주도적으로 위험정책을 결정하고 판단해야 하는 경우, 위험커뮤니케이션의 기본적인 구성요소들을 적극적으로 수렴하여 위험정책을 수행해야 한다. 정책 집행 과정 중에서는 전문가에 대한 자문도 중요하지만, 실제 주민 및 국민과의 위험커뮤니케이션 과정이 필수불가결하게 수반되어야 하는 것이다.

원자력 위험 이슈는 세 가지 유형으로 구분된다. 첫 번째는 정부의 원자력 정책기조에 대한 반발, 부정적 견해로 인해 발생하게 되는 '일반이슈', 두 번째는 실제로 원자력 관련 시설의 건립 및 운영과 관련한 지역주민들과의 갈등구조들이 이슈 발생의 원인이 되는 '지역갈등 이슈', 마지막으로 세 번째는 원자력 관련 사건·사고 발생으로 치명적인 인명피해를 입을 수 있는 이슈인 '사건사고이슈'가 그것이다.

이러한 위험 유형에 따라서 개별 정책커뮤니케이션의 의미와 목표는 상이해질 수 있다. '원자력 정책커뮤니케이션'이 결국 원자력과 관련한 국민의 이해증진, 국민적 합의 증진이 최종적인 목표이기는 하나, 각 위험 이슈에 따라 대응해야 하는 대상의 유형, 커뮤니케이션 전략의 특성 등이 상이해질 수 있기 때문에 위험 유형에 따른 원자력 정책커뮤니케이션의 기본원칙을 수립할 필요가 있다.

우선 일반이슈에 따른 원자력 정책커뮤니케이션은 국가의 중요 에너지원으로서 원자력의 현재 그리고 미래 이용에 대한 사회적인 합의형성을 가장 중요한 목표로 한다. 즉, 원자력(에너지) 관련 정책의 입안과 수립에 있어서 전 과정에 대한 투명한 공개와 의견 수렴 등이 포괄되어 있는 정책커뮤니케이션이 목표가 되어야 한다는 의미이다. 하지만 그동안 원자력과 같은 전력정책을 둘러싼 정책커뮤니케이션(최종 의사결정을 포함한) 구조의 특징은 한마디로 '전문가

주의'에 크게 매몰되어 있다는 비판을 받고 있다. 전통적인 관점에서 과학지식은 과학자 사회 내에서 자기 충족적으로 생산되는 완성된 지식으로 간주되었고, 대중은 이러한 지식생산과 무관하며 생산된 지식을 흡수하고 이해해야 하는 수동적인 용기로 간주되었다. 인식적 측면에서 과학과 대중은 별개의 실체(entity)이며, 그 귀결로 과학과 대중 사이에는 엄연한 간격이 실재한다는 것이다(김동광, 2002). 1985년 영국 왕립학회(Royal Society)의 1985년 보고서에서도 유사한 논의가 제시되었는데, 문제의식의 출발은 일반인들에게 과학에 대한 기본적인 소양(literacy)이 대체로 부족하다는 것이다. 과학의 내용을 이해하는 것이 오늘날 문화적 이해의 핵심적인 부분을 차지하게 되었을 뿐 아니라 과학 이론이나 지식을 적절히 이해하여 잘 사용하면 숱한 혜택을 가져올 수 있음에도 불구하고, 많은 사람들이 과학의 내용에 대해 잘 알지 못하고 있거나 이를 잘못 이해하고 있다는 것이다. 이는 대다수의 사람들이 과학자가 되기 위한 전문적 훈련을 거치지 않았기 때문이기도 하고, 다른 한편으로 과학 지식과 과학적 방법의 습득에 대한 일반인들의 부정확한 지식을 갖게 된 것에는 TV, 라디오, 신문 등과 같은 상업적 대중미디어의 왜곡된 경향도 크게 작용했다는 것이다(김명진, 2001). 그동안 원자력 등의 전력정책에서는 이러한 고전적인 PUS(대중의 과학이해, Public Understanding of Science)의 관점에서 전문가들의 절대적인 지식을 중요시하는 소위 '전문가주의'가 횡행했다는 비판을 받는다. 이는 비단 일반이슈에 국한된 문제만은 아니다. 향후 일반이슈를 포괄하는 원자력 정책커뮤니케이션은 원자력의 구조적인 특성을 단순하게 설명하고, 안정성만을 강조하는 측면2)이 아닌 보다 폭넓은 사회적 합의형성과 납득

할 만한 정책적 설명력을 그 목표로 할 필요가 있다.

둘째, 지역갈등 이슈에 따른 원자력 정책커뮤니케이션은 원자력 관련 시설의 건립 및 운영과 관련한 지역주민들과의 갈등구조의 해결과 최소화를 중요한 목표로 한다. 실제로 원전시설의 건설이 가져오게 되는 명확한 위험의 정도, 또는 수용 가능한 위험 정도를 구체화하지 못할 경우에는 입지 선정으로 발생하는 여러 가지 고통(지가의 하락, 환경권 침해 등)으로 인한 갈등이 발생할 가능성이 높다. 또한 원전시설 건립으로 인해서 지역민들은 여러 부분에서 피해를 얻게 되지만, 오히려 혜택은 전체 사회에 골고루 돌아가는 비용-편익 간의 불공정성이 존재할 수 있다(손진상, 2008).

그동안 지역갈등 관련 원자력 정책커뮤니케이션은 정부의 정책효율성을 강조한 일방적, 강제적 수단을 통한 정책추진방식이 문제가 되어 긍정적인 결과를 산출해내지 못한 경우가 많았다. 그동안 지역갈등 이슈와 관련한 원자력 정책커뮤니케이션은 법적, 제도적인 한계로 인해서 보상금 지급 등의 미봉책이나 공권력 투입 등을 주된 솔루션으로 활용하는 데 주안점을 두어 왔다. 법적인 수단이나 절차에 의한 사전적인 갈등의 예방과 사후적인 분쟁해결 시스템에 대한 수립은 미흡했던 것이 현실이다. 따라서 향후 지역갈등 이슈에 따른 원자력 정책커뮤니케이션은 이해관계인들(주로 지역주민)의 참여와 지지 속에서 갈등 잠재력을 협력 잠재력으로 탈바꿈시키기 위한 합의형성을 중요한 정책목표로 삼아야 할 필요가 있다.

마지막으로 사건사고이슈에 따른 원자력 정책커뮤니케이션은 실

---

2) 그동안 원자력 관련 홍보(정책커뮤니케이션 포함) 활동은 체계적인 방향의 정립과 전략을 갖고 시행되었다기보다는 반핵단체들의 무분별한 주장과 원전지역 주민들의 일방적 피해보상 요구에 대응하는 임기응변식 대응에서 시작되었다고 보는 것이 정확할 것이다(과학기술부, 2001).

제로 원자력 관련 사건·사고의 발생으로 인해 치명적인 인적, 물적 피해를 입을 경우 이러한 피해를 최소화시키는 것을 그 주요한 목표로 한다. 세 가지 이슈 중에서 가장 긴급하며 즉시적인 커뮤니케이션 정책대응이 필요한 것이 바로 사건사고이슈이다. 실제로 돌발적이고 불확실성이 큰 원자력 사건사고는 지속적인 위험커뮤니케이션 차원의 대응노력이 필요하다.

그동안 정부에서는 기술적 안정성 확보에 상당부분 노력을 기울여 온 만큼 사건사고이슈는 크게 두드러지게 나타나지 않았다. 하지만 실제 원자력 관련 사건사고의 발생은 제반 이해관계자들 간의 신속한 커뮤니케이션과 이에 따른 대응이 없다면 상상을 초월한 가공할 만한 위험으로 증폭될 수 있다. 따라서 사건사고이슈에 따른 원자력 정책커뮤니케이션의 방향성은 '예방→대비→실행'이라는 기본원칙에 입각하여 세밀하고 실용성 있게 수립되어야 할 필요성이 있다.

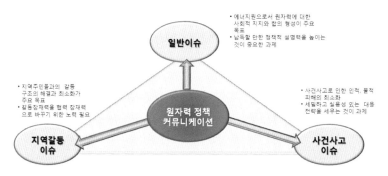

위험 유형에 따른 원자력 정책커뮤니케이션의 특성

사례분석 1. 충남 태안군 안면도 방사능 폐기물 처리장 사례

제1차 방사능 폐기물 처분장 후보지 선정 작업은 1984년 영덕군 남정면과 태안군 안면도에서 추진되었다. 안면도에 대한 후보지 선정계획은 원자력전문가인 정근모 장관이 취임하면서 추진되었으며, 영덕군에 대한 시도가 실패한 이후에 철저하게 폐쇄적으로 결정되었다. 매우 격렬한 반대투쟁과 환경단체의 지원을 받으며 장기간의 소모전이 지난 후, 1991년 6월 7일 227차 원자력위원회에서 안면도의 부지선정을 공식 철회하였다(채경석, 2003).

이후 방폐장 후보지 선정이 공개모집으로 정책결정방식이 전환된 후에 주민 53명이 다시 유치신청서를 내고 안면도가 또 다시 후보지로 대두되었다. 그러나 주민의 반대운동이 또다시 격렬해지자 궁극적으로 1993년 3월 9일 당시 김시중 장관이 출입기자단과의 간담회 석상에서 공식철회 발언을 함으로써 일단락되었다.

충남 안면도 사례의 경우 원전시설건립과 관련하여 지역갈등의 가장 큰 원인이라고 지적되어 오던 독선적인 정부의 정책적 대응과 의견수렴을 무시한 일방향적인 커뮤니케이션 과정이 여실하게 드러난 사례이다. 따라서 전반적인 리스크커뮤니케이션 과정에서 다양한 문제점들이 심각하게 드러나고 있었다. 정보원(source)의 '전문성', 메시지(message)의 '전문 정보', 수용자(receiver) 측면의 '정보개선 요구' 정도만 제외하고는 거의 전 요인에 걸쳐 커뮤니케이션 수준이 평균 이하인 것으로 나타났다.

경향신문 1990년 11월 9일자   동아일보 1990년 11월 9일 자

실제로 충남 안면도 사례에서 정부(지방정부 포함)는 지역민들의 원자력에 대한 부정적인 인식에 대한 파악도 제대로 하지 못했고, 상명하달식의 커뮤니케이션 방식을 보여주었다. 또한 방폐장 건립의 당위성과 계획일정 등의 구체적인 내용들이 제대로 전달되지 못했으며, 당시 언론에서도 정보의 진위파악보다는 정부 홍보미디어로서의 역할만을 수행했다는 비판을 받았다. 따라서 일반인과 정부의 견해 차이를 좁힐 수 있는 중재역할에도 소홀할 수밖에 없게 되었으며, 결국에는 이러한 요인들이 복합적으로 작용하면서 방폐장 건립계획의 철회라는 극단적인 상황으로 치닫게 된 것이다.

사례분석 2. 전북 부안군 위도 방사능 폐기물 처리장 사례

2003년 7월 11일 전북 부안군의 김종규 군수는 위도에 방사성폐기물 관리시설(이하 방폐장)을 유치한다고 선언했다. 여러 차례의 타당적합성 조사와 건립 시도 끝에 정부는 2003년에 부안군의 신청을 받아 위도에 방폐장을 건립하기로 결정하였다. 그러나 이 결정에 대해 부안군 주민은 반대 의견을 표명하였으며, 전면적인 반대 운동을 전개하였다. 방폐장 논쟁에 있어서 부안군과 위도는 대립된 지역 개념으로 표현된다. 위도(면)는 부안군에 속해 있지만 방사능 폐기물 처리장을 두고 위도 주민들은 찬성하는 경향을 보인 반면, 위도 면을 제외한 부안군 주민들은 반대하는 경향을 보여 두 지역이 심각한 의견대립을 보였기 때문이다. 정작 당사자인 위도 주민들은 유치 신청서에 서명을 하였지만 부안군민의 거센 반대 운동과 국가의 일관성 없는 정책 추진으로 찬성과 반대 어느 입장도 공개적으로 지지하지 못하는 입장이 되었다. 위도에 방폐장을 세우기로 한 정책 결정은 전국적인 관심사가 되었고 부안군은 이 논쟁 속에서 2년이라는 기간을 소모하였는데, 결국 2004년 철회 절차에 들어감으로 인해 건립계획은 전면 백지화되었다.

전남 부안 위도 사례는 시기적으로 앞선 충남 안면도 사례에서 커뮤니케이션 측면에서의 많은 문제점이 드러났음에도 불구하고, 이를 교훈으로 삼지 못했고, 거의 유사한 문제점이 노정되었다. 실제로 방폐장 건설 정책을 둘러싼 타 지역들의 일련의 사태들을 확인하면서 지역주민들의 관심과 원자력 관련 지식이 예전보다 상당한 수준으로 높아졌음에도 불구하고, 이에 상응하는 정보원의 태도와 메시지 특성, 채널의 다양성 등은 크게 변화되지 못했다. 지자체의 양방향 커뮤니케이션을 배제한 독선적인 정책감행도 여전했으며, 정보원 요인에서도 여전히 윤리·안전의식, 대중의 신뢰성 등은 높지 못한 것으로 나타났다. 메시지 역시 '경제적 보상담론'과 주민의 우려를 일축시키려는 건립 불가피성 위주의 정보전달에 집중하는 등 공익적, 설득적 메시지를 제대로 담아내지 못한 것으로 나타났다. 또한 기존에 비해 미디어 다양성은 증가했음에도 불구하고, 개방적이고 친숙한 채널의 역할을 수행하는 데에도 문제점이 드러났다.

부안사태에 대한 조선일보의 기사들

반면, 수용자(지역민들)의 위험 정보에 대한 판단능력, 정보 습득에 대한 요구와 관심 등은 과거에 비해 괄목할 만한 성장을 보였다. 이는 지역민들이 보다 능동적으로 자신들의 목소리를 내기 위해 노력하고 있다는 것을 반증하는 근거이다.

사례분석 3. 경북 경주의 방사능 폐기물 처리장 사례

2004년 12월 27일 제253차 원자력회의에서 중·저준위와 사용후 연료 처분시설의 분리 방안을 확정하여 2005년 3월 31일 '중·저준위 방사성폐기물 처분시설의 유치지역 지원에 관한 특별법'을 공포하고 같은 해 6월 16일 후보 지역이 될 부지를 신청지역 지방자치단체의 주민투표를 통하여 선정한다는 것을 주요한 내용으로 하는 공고를 내놓은 바 있다. 실제로 후보부지 신청을 받은 결과 경주시·군산시·포항시·영덕군이 유치신청을 하여 11월 2일 동시 주민투표를 실시한 결과 경주시가 89.5%라는 주민들의 높은 지지로 방폐장 부지로 최종적으로 확정되었다.

마지막으로 경북 경주사례는 충남 안면도, 전남 부안 위도 등의 과거 방폐장 관련 사례들에서 제기되었던 심각한 문제점들을 반면교사로 삼아 정보원, 메시지, 채널, 수용자 측면에서 과거에 비해 진일보한 모습을 보였다.

특히 그동안 독선적인 정책적 대응을 보여 비판의 대상이었던 정부(규제기관, 지역사업자 포함)가 지역주민들과의 교감이라는 부분을 가장 큰 고려사항으로 내세우면서 비교적 공고한 협력을 이끌어냈다. 쉬운 메시지 전략(방폐장의 필요성을 체감할 수 있도록 사례 등을 통해 쉽게 전달함)과 지역 언론 등의 활발한 채널 이용 전략 등도 이전 사례들과는 차별화된 부분이라고 평가할 수 있겠다.

물론 여전히 정보의 설득성 부분이라든지 전문성 분야에서는 미흡한 모습이 보이기도 하였지만, 무엇보다도 정부와 지역민들 간 양방향적인 커뮤니케이션을 위해 노력했다는 점은 이전 사례들과 결과의 상이함을 보여준 가장 두드러진 특징이라고 할 수 있다. 수용자들 역시도 수동적으로 정보를 얻어내는 것에 그치기보다는 적극적으로 정보 습득을 위해 노력하는 모습을 보여주면서 이전의 두 사례들보다는 전체적으로 위험커뮤니케이션 과정이 원활하게 이루어졌다는 평가를 내릴 수 있다.

사례분석 4. 2011년 후쿠시마 원전사고 사례

2011년 3월 동일본 대지진과 이어서 발생한 대형 쓰나미로 촉발된 일본 후쿠시마의 원전사고는 여전히 진행형이며, 그 결과를 아직 예측할 수 없는 21세기 최악의 원전 참사로 기록되고 있다. 이번 대지진으로 인해 예기치 못한 원전사고는 물질적인 피해는 물론이고 방사능 유출이라는 재난 피해를 동반하였으며, 여전히 진행 중이라는 점에서 과거에 발생했던 일본 지진 피해들보다 더 심각한 수준에 이르고 있다는 평가이다.

무엇보다도 이번 후쿠시마 원전사고는 원자력 시설의 안전을 자부하던 일본이 초기 대응에 실패하여 사태를 악화시킨 측면이 있다. 4월 17일에야 발표된 로드맵 내용의 핵심은 결국 격납용기 외부에 물을 채워 원자로를 수장 냉각시키는 것이다. 한국은 3월 초에 이미 해당 해법을 일본정부에 제안하였으나 수용되지 않았으며, 시간이 지체됨으로 인해 결국 격납용기까지 파손되어 현재로서는 수장 냉각이 어려워진 상황이다. 일본 특유의 신중함이 지나쳐 초기 대응에 실패함으로써 문제해결 기회를 놓치고 만 것이다.

일본 후쿠시마 원전사고는 우리가 최인접국이라는 특수 상황까지 겹쳐 지금까지도 초미의 이슈로써 다루어지고 있으며, 이와 관련해서도 이전 원전사고보다도 더욱 많은 문제점에 대한 분석들이 이루어지고 있다. 사고 당시 도쿄전력의 무성의한 대응 및 정보은폐, 일본 정부의 초기 대응 실패, 철저한 매뉴얼 사회의 문제, 정부와 관계기관과의 공조 실패, 관계국들과의 협의 부족 등은 일본의 원전당국에 대해 전문가들이 대표적으로 지적하는 문제점이다. 이외에도 일본 언론보도의 심층적 접근 부족과 불확실성, 대중들의 수동적 위험 수용 등이 지적될 수 있겠다. 중요한 것은 이들 문제점을 공통적으로 관통하는 것은 바로 커뮤니케이션 특히 최악의 위험상황에 대한 위험커뮤니케이션에 있어서 심각한 문제점이 노정되었다는 점이다.

우선 사고 당시 도쿄전력은 방사능의 환경방출에 대해 '당장은 건강에 문제없다'고 하는 한편, '계획정전', '절전의 부탁말씀' 등 전력 부족에 대한 선전을 전면에 내세우면서 거짓말과 은폐, 지나친 낙관론으로 사태를 축소시키고 "예상치 못한 것이어서 어쩔 수 없다"라면서 책임을 회피하는 등 원전 선진국답지 않은 최악의 위기대응 태도를 보였다는 비판을 받았다. 더군다나 직원들은 원전 복구에 노력을 기울일 때, 도쿄전력 사장은 원전 사고 현장도 방문하지 않고 간단한 내용의 유감성명서만 발표하여 여론의 비난을 자초했다.

도쿄전력은 그동안 정보를 공개하지 않고 은폐한 기록이 많다는 점에서 비판을 받아왔다. 실제로 1976년 화재가 일어났을 때 외부에 알리지 않다 한 달 뒤 인정했고, 1978년 11월 2일 3호기 최초의 임계 사고 발생도 29년 뒤인 2007년이 지나서야 공표하였다. 그 외의 여러 사건들은 차치하고 최근엔 2002년, 2007년 원전 정기점검 기록을 허위로 기재하고 안전사고를 조직적으로 은폐하였다는 사실이 2002년 통산성 발표로 드러나면서 거센 비판을 받았고, 이로 인해서 사장을 비롯한 경영진 5명이 물러난 바 있다. 이는 2007년에 추가적으로 은폐 사실이 드러나면서 다시 한 번 충격을 주었다.

그 규모가 어떠하든 간에 원전사고가 발생했을 때, 적절한 정보의 신속한 전달은 사고확산 방지 및 수습에 있어서 필수불가결하다. 그러나 후쿠시마 원전사고의 경우, 적절한 정보의 신속한 전달이 원활히 이루어지지 않아 일본 국내 및 국제사회의 불신감을 조성하였다. 실제로 국제사회에 원전사고의 정보를 전달해야 할 일본 외무성도 필요한 정보를 신속히 전달받지 못했고, 이에 따라 국제사회에 대한 적절한 설명이 이루어지지 않았다. 이번 사고의 경우, 정부의 정보 전달이 불투명하고 사고영향을 과소평가한 측면이 많아 초기대응의 부실을 불러왔다고 할 수 있다(전진호, 2011). 한마디로 커뮤니케이션 체계가 확립되지 못한 것이다. 평시의 종적 행정체계를 긴급사태 발생 시 신속하게 사고대응체제로 전환하는 방안을 마련해야 했으나 미흡했고, 원자력재해대책본부, 긴급재해대책본부, 원자력안전위원회, 원자력안전원 등 관련기관이 너무 많고 이들 사이의 횡적 연결이 부족함으로 인해 정보 창구 및 정보 공개의 일원화가 제대로 이루어지지 못한 것이다. 원전사고 시 국내외적으로 신속하고 정확한 정보제공 및 정보공유 네트워크의 확립은 매우 중요한 과제라고 하겠다.

또한 당시 도쿄전력은 사고수습을 위한 대처와 대응도 빠르지 못해 비난을 받았지만 여기에 덧붙여 사고 직후 수집한 중요한 자료를 분실하고, 이를 발표하지 않은 것으로 나타나 심각한 안전 불감증을 또다시 노출한 바 있다. 아무리 비난을 받더라도 심각한 정보의 경우에는 분명하게 이해관계자들에게 전달하는 것이 위험커뮤니케이션의 기본원칙임을 망각한 것이다.

지나치게 매뉴얼에 의존한 사고 대응도 문제점으로 지적된다. 원전강국이고 소위 '매뉴얼의 왕국'이라고 지칭되는 일본이지만, 이번 사고는 지나치게 매뉴얼에 몰입되어 시의적절한 판단을 내리지 못했다는 비판을 받았다. 사건 현장에서도 가장 먼저 비상조치가 취해

져야 했지만 도쿄전력 직원들은 방사능 오염 수치를 재고 기준치를 초과하자 작업 중이던 직원들의 대다수를 철수시켜버리는 과오를 저질렀다. 물론 이는 매뉴얼에 적시되어 있는 내용이었다는 해명이 있었지만, 상황의 위급성에 따라서 매뉴얼을 준용하되 유동적 판단을 내리는 것이 위기대응의 기본임을 망각한 것이다. 물론 사고 발생 시 임기응변적으로 대응하기보다는 체계적이고 신속하게 대응할 수 있도록 비상계획 매뉴얼이 필요하기는 하지만, 최고 관리자와 결정권자가 상황의 추이를 지켜보면서 보다 신속한 결정을 내렸다면 피해를 보다 저감시킬 수 있었을 것이다.

물론 1차적으로 원전당국에 대한 비판도 제기되고 있지만, 위험커뮤니케이션에 있어서 중요한 위치를 차지하고 있는 일본 언론에 대한 문제점도 제기하지 않을 수 없다. 이진로(2011)는 일본 언론의 문제점에 대해서 비판하고 있는데, 실제로 후쿠시마 사고 당시 일본 언론의 경우 원자력 사고와 방사능 오염의 피해에 대한 전문성, 추가 정보, 그리고 정보원의 다양성 부족에 따라 원자력 당국이 제공하는 정보의 검증과 비판적 해석 기능이 상당히 제한되었다는 것이다. 실제로 원자력에 대한 전문성이 부족한 언론의 경우 정보원의 다양성을 확보하여 긍정적 견해와 부정적 견해를 함께 제공하여 균형적 시각을 유지할 필요성이 있다.

과장되거나 왜곡된 과학기사들은 일반 수용자들한테 과학보도는 부정확하고 표피적이며 단편적이라는 인상을 심어줄 수 있다. 이를 극복하기 위해서는 과학기자의 전문성 확보가 중요하다. 그러나 한 분야의 전문지식을 갖춘 과학기자는 언론사에서 대체로 찾아보기 힘들고, 전문성을 갖추었다 하더라도 속보성 있는 뉴스가치를 추구하기 위해서 전문성과 심층성을 포기하는 경우가 많다. 이러한 전문성 부족에 대한 대안으로 다양한 정보원(과학자, 전문가 집단)의 활용을 들 수 있으나, 이 역시도 일부 정보원의 의견에 지나치게 경도되어 있다는 비판을 받고 있는 상황이다. 전문성보다는 親언론적인 인사들의 인터뷰 활용이 많다는 것이다.

따라서 일본 언론 내부에서도 자성의 목소리가 제기된 바 있다. 2011년 10월에 열린 한·일 언론인 세미나에서 국내 언론에서는 일본 언론의 긍정적 측면으로 제시하였던 차분하고 냉정한 보도태도에 대한 비판적인 논의가 제시되었는바, 오히려 이렇게 침착성 있는 보도의 이면에는 국민의 알권리를 외면하고 정부와 도쿄전력의 의문투성이 발표에 의존하는 무기력한 언론의 모습이 존재하고 있었다는 것이다. 사고 당시 정부가 내놓은 자료를 제대로 검증도 하지 않고 보도한 것은 제2차 세계대전 때 정부가 늘 '일본군 피해는 미미하다'고 발표하던 것을 앵무새처럼 따라 보도한 것과 다를 게 없다는 자책의 목소리도 있었다. 또한 과학기자들의 전문성에 대한 반성도 있었다. 일본 언론사의 경우 비교적 과학전문 인력이 풍부한 편이지만 원전의 구조나 방사능의 영향 등에 대한 전문적인 지식을 갖추지 못해 심층적이고 탐사적인 보도를 적시에 제공하지 못했다는 것이다. 전반적으로 제도권 언론이 이러한 보도태도를 보였기 때문에, 자유기고가들이 저돌적으로 취재해서 펴낸 르포집과 단행본이 큰 인기를 끄는 아이러니한 상황도 존재하였다(동아일보, 2011.10.31).

누구보다도 후쿠시마 원전 사태에서 가장 큰 상실감과 피해를 입은 것은 다름 아닌 대중, 즉 일본 국민들이었다. 일본 국민들의 경우 혼란스러운 상황에서도 초기 질서를 유지하며 정부의 통제와 대응에 협조적인 모습을 보였고, 오히려 오염지역에서 벗어나지 않고 삶의 터전을 지키려는 의지가 보도되는 등 침착하고 결연한 모습도 보여주었다. 이는 해외언론에서도 일본국민들에 대해서 높이 평가하는 부분이다. 그러나 너무 정부 발표에만 전적으로 의존하는 수동적인 태도로 관련 정보를 받아들이면서 원전 정보에 대한 적극적인 요구와 사고 대처 능력이 매우 미흡했다는 비판을 받고 있다. 물론 혼란하고 시급한 동일본 대지진 그리고 후쿠시마 원전사고와 같은 위기 상황에서 정부와 제도권 언론을 믿고 신뢰하는 태도도 필요하겠지만, 원자력과 같은 고위험 기술시스템에 대한 의사결정 과정에서 위험에 대한 불확실성을 줄이기 위해서는 전문가 중심의 과학적 합리성에만 집중할 수 없으며, 시민들의 의견개진과 참여 등을 통한 사회적 합리성도 충분히 고려해야 한다는 것이다(강윤재, 2011). 이러한 측면에서 대중들이 지나치게 수동적으로 정부의 발표에만 의존했던 일본의 사례 역시 거시적인 차원에서의 위험커뮤니케이션에서는 분명히 문제점이 있다고 진단할 수 있다.

요컨대 이번 일본 후쿠시마 원전사고는 전문가 중심 그리고 관료 중심의 위험거버넌스가 취약했으며, 그 한계점이 노정되었음을 강력하게 시사한다. 그 중심에는 정보의 은폐, 조직 내부에서의 소통 부재 및 의사결정의 불합리성, 대국민 소통 실패 등 커뮤니케이션 차원의 문제점이 자리하고 있으며, 여기에 덧붙여 언론미디어들의 위험커뮤니케이션 채널로서의 역할 방기, 대중들의 위험수용에 있어서의 무기력함 등이 부정적 요인으로써 복합적으로 작용한 것이다.

Chapter 2

한국인의 위험인식 스펙트럼

3 위험환경 인식

1. 개요

배경 및 목적

오늘날 위험은 사회적인 재현이나 사회적으로 구성되기 때문에 미디어가 특정 위험에 대해 어떤 측면을 부각시켜 보도하는지에 따라 위험에 대한 공중의 평가가 달라질 수 있다는 점에서 공중의 위험에 대한 관련성, 즉 관여도와 공중이 어떤 상황에서 위험을 인식하고 커뮤니케이션을 하는지에 대한 상황인식, 그리고 위험을 구성하는 요소인 위험특성을 우선적으로 파악할 필요가 있다. 특히 공중이 인식하는 위험을 제대로 통제하지 못하고, 그들의 시각에서 위험을 이해하지 못할 경우에는 위험이 사회적으로 재구성되는 과정에서 증폭되고, 사회적으로 심각한 문제로 확대될 수 있다는 점에서 공중의 위험에 대한 태도와 인식에 초점을 맞출 필요가 있는 것이다. 과학기술의 발달에 따라 사회가 복잡하고 거대화되어 가는 과정

속에서 새로운 위험은 지속적으로 등장하고 있고, 위험 요인은 점점 더 미지의 형태로 되고 있다. 따라서 고전적인 형태의 객관적 위험 예견의 정확성은 떨어지고 있으며, 공중이 위험에 대발전/기술관적 위험인식을 바탕으로 접근할 필요가 있는 것이다. 즉, 공적인 행위에 대한 선택과 제한은 객관적인 통계 수치에 의한 것이 아니라 공중의 주관적 위험인지에 의해 좌우되고 결정된다는 점에서 공중의 어떤 특징이 인지된 위험을 수용토록 하는지, 그리고 상이한 관점을 대변하는 사람들 간의 상호 이해를 위하여 어떤 조건을 통해 위험커뮤니케이션 전략을 수립해야 하는지에 대한 환경심리학적 관심이 필요한 시점이다.

한국사회에서 위험에 대한 관심은 점차 높아지고 있다. 박근혜 정부는 기존의 '행정안전부'를 '안전행정부'로 명칭을 변경하였으며, '국민이 안심하고 살 수 있는 안전한 사회'를 최우선 과제로 설정하였다. 성폭력, 가정폭력, 학교폭력, 불량식품 등의 4대악과 함께 재난·안전사고로부터 국민의 생명과 재산을 보호하고자 하고 있다. 이미 국가과학기술심의회(구 국가과학기술위원회)에선 한국의 재난·재해의 개념과 세부 유형을 명확히 정리하였는데, 태풍·호우·홍수 등의 자연재해 분야, 원자력 발전·원자력 기술이 포함된 원전 안전 분야, 신·변종 전염병 분야, 환경오염 사고, 사이버테러 등을 크게 재난·재해의 5개 분야로 지정한 바 있다.

이와 같은 위험에 대해서 우리 국민이 어떻게 인식하고 있는지를 파악하기 위하여 서베이 조사를 실시하였다.

조사대상 및 방법

조사대상자는 일반 대중으로 선정하고, 서울 경기 지역을 대상으로 인구총조사 결과기준을 통해 할당표집을 적용하여 총 500명을 추출하여 분석에 활용하였다. 조사 시점은 2012년 12월 20일부터 2013년 1월 5일까지 보름간이다. 조사대상자의 특성을 간략하게 살펴보면, 성별은 남성 249명(49.8%), 여성 251명(50.2%)이었으며, 연령은 20대 103명(20.6%), 30대 114명(22.8%), 40대 119명(23.8%), 50대 100명(20.0%), 60대 이상 64명(12.8%)으로 나타났고, 평균 연령은 43.69세(SD=13.09)였다. 교육 정도는 중학교 졸업 36명(7.2%), 고등학교 졸업 217명(43.4%), 대학교 졸업 236명(47.2%), 대학원 재학 7명(1.4%), 대학원 졸업 4명(0.8%)으로 조사되었다.

2. 자연, 과학, 그리고 미디어에 대한 인식

자연에 대한 태도

자연에 대한 이해를 측정하는 문항은 '전혀 그렇지 않다'와 '매우 그렇다' 사이의 5점 척도로 응답되었으며, '자연을 변화시키는 것은 인류에게 괜찮음'의 응답을 제외하고는 모두 3점 이상의 보통으로 응답되었다. 그중에서 '자연은 인간으로부터 반드시 보호되어야 함'이 3.99점으로 가장 높았으며, '자연은 스스로 변화함'이 3.74점, '인간은 자연의 균형을 쉽게 파괴할 수 있음'이 3.65점으로 높게 응답되었다. 이로써 응답자 대다수는 자연의 균형이 인간에 의해 쉽게 파괴될 수 있으며, 인간으로부터 보호가 필요하다는 것을 인식하고 있음을 알 수 있다. 또한 자연을 변화시키는 것이 인류에게 좋은 일만은 아니라는 것도 함께 인식함을 확인할 수 있다.

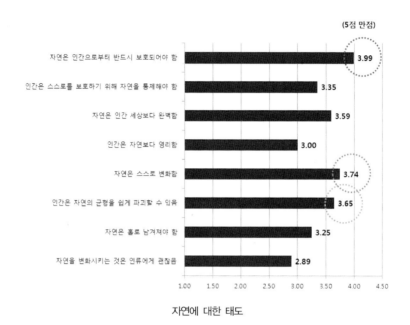

자연에 대한 태도

성별에 따라 살펴보면, 성별에 관계없이 가장 높게 나타난 것이 '자연은 인간으로부터 반드시 보호되어야 함'이란 항목이다. 이 항목에서 여성은 4.06점, 남성은 3.91점으로 여성이 남성보다 상대적으로 더 높게 인식하고 있는 것으로 나타났다. 이어 '자연은 스스로 변화함'이라는 항목에 여성이 3.80점, 남성은 3.68점으로 그 뒤를 이었다. 이 외에도 여러 항목에서 성별에 따른 차이는 미미하게 나타났는데, '자연은 인간 세상보다 완벽함'이란 항목에서는 남성이 3.65점 인데 반해, 여성은 3.53점으로 나타났다. 또한 '자연을 변화시키는 것은 인류에게 괜찮음'이란 항목은 남녀 모두에게서 가장 낮게 나타 났지만 여성은 2.85점으로 나타난 데 반해, 남성은 2.94점으로 측정 되어 남성과 여성의 인식 차이를 알 수 있다.

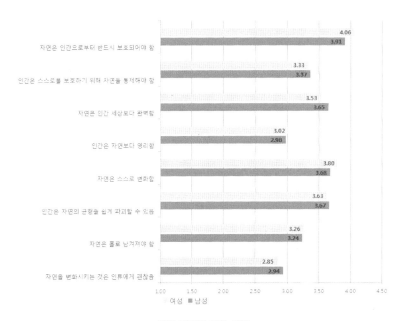

성별 자연에 대한 태도

연령별 차이를 분석한 결과, 대부분 유사한 응답을 나타냈다. 모 든 연령에서 '자연은 인간으로부터 반드시 보호되어야 한다', '자연 을 통제해야 함' 등에서 3점 이상(보통)으로 응답되었다. 다만 '자연 을 변화시키는 것은 인류에게 괜찮음'의 문항에서는 전 연령에서 반 대의 응답이 나타났다.

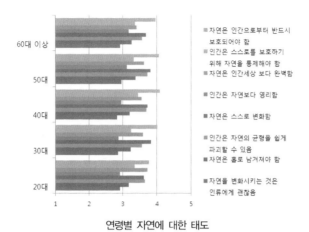

연령별 자연에 대한 태도

범례:
- 자연은 인간으로부터 반드시 보호되어야 함
- 인간은 스스로를 보호하기 위해 자연을 통제해야 함
- 자연은 인간세상 보다 완벽함
- 인간은 자연보다 영리함
- 자연은 스스로 변화함
- 인간은 자연의 균형을 쉽게 파괴할 수 있음
- 자연은 홀로 남겨져야 함
- 자연을 변화시키는 것은 인류에게 괜찮음

과학기술에 대한 태도

과학기술에 관한 생각(태도)을 묻는 질문들에서는 우호적 인식을 나타냈다. '과학기술로 인해 언젠가는 인간의 장기를 동물 또는 인공장기로 대체 가능할 것임'이라는 의견에 가장 높은 동의수준(3.59점)을 보였다. '과학자는 세계를 살기 좋은 장소로 만들기 위해 노력하는 사람들'이라는 항목에서 3.56점으로 응답되었으며, '과학기술이 언젠가 모든 종류의 질병 치료제를 제공할 것'이라는 응답도 3.48점으로 응답되었다. 이로써 과학기술을 인간 사회에 도움이 되는 것으로 인식하는 것으로 이해된다.

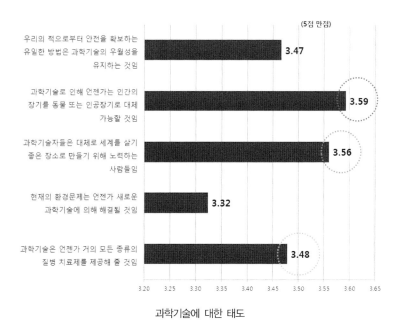

(5점 만점)

우리의 적으로부터 안전을 확보하는
유일한 방법은 과학기술의 우월성을
유지하는 것임 — 3.47

과학기술로 인해 언젠가는 인간의
장기를 동물 또는 인공장기로 대체
가능할 것임 — 3.59

과학기술자들은 대체로 세계를 살기
좋은 장소로 만들기 위해 노력하는
사람들임 — 3.56

현재의 환경문제는 언젠가 새로운
과학기술에 의해 해결될 것임 — 3.32

과학기술은 언젠가 거의 모든 종류의
질병 치료제를 제공해 줄 것임 — 3.48

3.20 3.25 3.30 3.35 3.40 3.45 3.50 3.55 3.60 3.65

과학기술에 대한 태도

성별 차이를 살펴보면, 과학기술에 대한 태도는 3.30점에서 3.61점 범위 내의 근소한 차이를 보였다. '과학기술로 인해 언젠가는 인간의 장기를 동물 또는 인공장기로 대체 가능할 것임'과 '과학기술자들은 대체로 살기 좋은 장소로 만들기 위해 노력하는 사람들'이라는 항목은 남녀 모두에게서 가장 높게 인식되는 것으로 나타났는데, 전자의 경우 남성은 3.61점, 여성은 3.57점으로 남성이 더 높게 평가하고 있는 것을 알 수 있다. 반면 후자의 경우 여성이 3.57점 남성이 3.55점으로 여성이 남성보다 더 높게 인식하고 있는 것으로 나타났다. 그 외에도 '과학기술은 언젠가 거의 모든 종류의 질병 치료제를 제공해줄 것임(여성 3.51점, 남성 3.45점)'이란 항목이 여성에게는 세 번째로 높은데 반해, 남성은 '우리의 적으로부터 안전을 확보하는 유일한 방법은 과학기술의 우월성을 유지하는 것임(여성 3.45점, 남성 3.49점)'이라는 항목이 세 번째를 차지하였다. 그 외에 '현재의 환경문제는 언젠가 새로운 과학기술에 의해 해결될 것임(여성 3.30점, 남성 3.35점)'이란 항목은 남녀 모두에게 가장 낮게 나타났다.

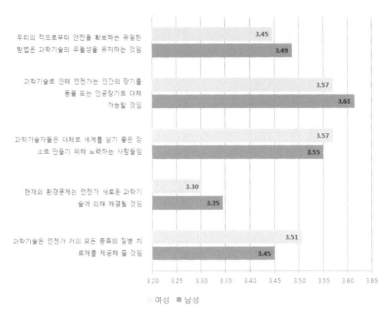

성별 과학기술에 대한 느낌

연령별 차이를 분석한 결과, 모두 3점 이상으로 과학에 대한 신뢰를 볼 수 있다. 특이한 점은 '현재의 환경문제가 언젠가 새로운 과학기술에 의해 해결될 것'이라는 문항으로 40대와 50대의 과학에 대한 신뢰가 다른 연령에 비해 높은 것으로 나타났다.

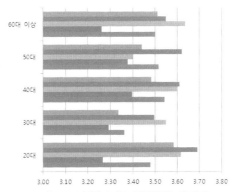

60대 이상

50대

40대

30대

20대

3.00　3.10　3.20　3.30　3.40　3.50　3.60　3.70　3.80

■ 우리의 적으로부터 안전을 확보하는 유일한 방법은 과학기술의
우월성을 유지하는 것임
■ 과학기술로 인해 언젠가는 인간의 장기를 동물 또는 인공장기로
대체 가능할 것임
■ 과학기술자들은 대체로 세계를 살기 좋은 장소로 만들기 위해
노력하는 사람들임
■ 현재의 환경문제는 언젠가 새로운 과학기술에 의해 해결될 것임
■ 과학기술은 언젠가 거의 모든 종류의 질병 치료제를 제공해 줄 것임

연령별 과학기술에 대한 태도

위험 이슈 관련 미디어에 대한 태도

위험 이슈와 관련해 미디어에 대해 어떤 태도를 갖는지를 분석한
결과, 가장 높은 점수를 보인 것은 '미디어는 위험에 정치사회적인
과정을 접목시키는 경향이 있음'으로 평균 3.65점으로 보통 이상으
로 나타났다. '미디어는 위험 자체를 보도하지 않고 피해에 대해서
만 보도함'이라는 응답도 3.56점으로 다소 높게 응답되었다.

주요 위험에 대한 낮은 보도나 기자가 연출가의 모습으로 투영되고
있다는 항목에서도 다소 높은 것으로 나타났는데, 이를 통해 위험 사
안에 대한 미디어의 보도에 대한 신뢰는 다소 낮은 것으로 분석되었다.

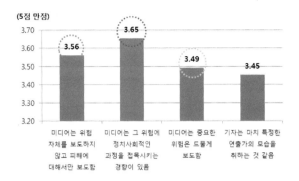

위험 이슈 관련 미디어에 대한 태도

성별 차이를 살펴보면, 모든 항목에서 여성이 남성보다 더 높게 나타났다.

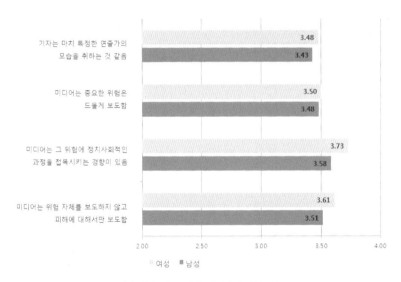

성별 위험 이슈 관련 미디어에 대한 태도

연령별 차이를 분석한 결과, 모든 연령에서 미디어에 대해서 부정적인 견해를 가지고 있었으며, 특히 40대의 응답자가 다른 연령층에 비해 다소 높은 응답을 보여주었다.

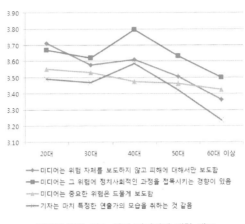

연령별 위험 이슈 관련 미디어에 대한 태도

4 위험에 대한 기본 인식

1. 위험에 대한 심각성 인식

자연재해, 원자력 발전/기술, 신·변종 전염병, 환경오염 사고, 사이버테러 등 5대 위험의 심각성을 확인하기 위하여 각각 위험 영역을 세분화하였다. 국내에서 자주 발생하는 위험과 신종 위험 등을 포함하여 응답자가 쉽게 인지하고 경험할 수 있는 위험 요소를 통해 국내에서 발생하는 위험에 대한 국민 인식을 확인하고자 하였다.

자연재해

자연재해 영역과 관련된 응답은 전 영역에서 3점 이상으로 응답되어 보통 이상으로 심각한 것으로 인식되는 것으로 확인되었다. 특히 태풍이 4.03점으로 가장 심각한 것으로 인식하고 있으며, 다음으로는 호우와 폭염이 3.84점으로 두 번째로 심각한 영역으로 응답되었다. 홍수가 3.82, 황사가 3.81, 화재가 3.79점으로 응답되었다. 태

풍, 호우, 폭염, 홍수, 황사, 화재가 자연재해의 다른 영역보다 심각
성이 높은 것으로 인식되고 있으며, 우주재해나 우박의 경우는 심각
성이 낮은 것으로 응답되었다.

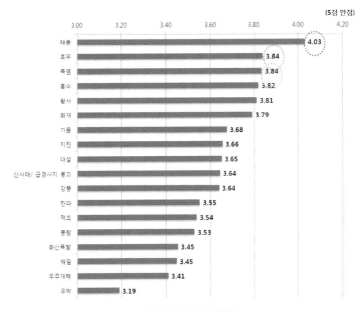

자연재해의 심각성 인식

자연재해의 주요 항목에 따른 성별 차이를 살펴보면 대체적으로
여성의 위험인지가 조금 더 높은 것을 알 수 있다. 단 각 항목들 간
의 남녀 인지의 차이는 유사한 추이를 보이는데 남녀 모두 태풍을
가장 높게, 우박을 가장 낮게 평가하는 것으로 나타났다.

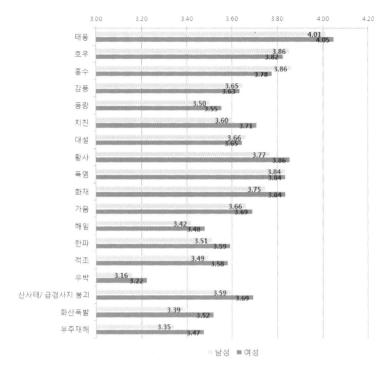

성별에 따른 자연재해의 심각성 인식

　연령별 재난재해의 심각성을 살펴보면, '태풍'에 대한 심각성 인식이 가장 높게 응답되었으며, '화산폭발'에 대한 심각성이 전 연령에 걸쳐서 낮게 응답되었다.

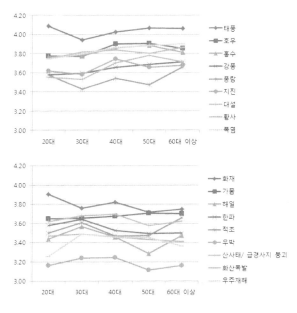

연령별 재난재해 심각성 인식

원자력 발전/기술 위험

원자력 발전/기술 관련 위험에 대한 응답은 세부 영역 모두 3점 이상으로 응답되었다. 특히 방사능 유출(3.95점), 핵무기 전용(3.93점), 방사성폐기물 처리장(3.83점) 등의 원자력발전소와 관련한 위험 영역이 차지하였다. 식품과 밀접하게 연관이 될 수 있는 유전자변형식품(GMO)이 3.86점으로 전체 영역 중에서 세 번째로 높은 응답을 보였다. 원자력 발전/기술에서 발생할 수 있는 위험에 대한 인식은 시설의 노후나 자연재해에 의한 추가 피해보다는 인적요인으로 발생할 수 있는 위험에 대해 보다 심각하게 인식하고 있음을 확인할 수 있다.

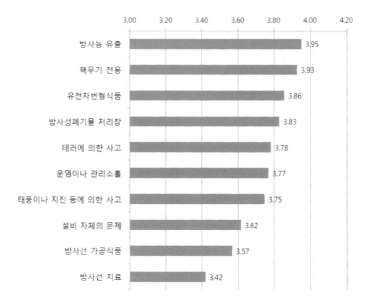

원자력 발전/기술 위험의 심각성 인식

원자력 발전/기술 관련 위험에 대한 응답은 각 세부항목별로 대체적으로 여성의 위험인지가 높게 나타나고 있으며, 여성은 방사능 유출(3.99점)과 핵무기 전용(3.93점)을 가장 위험한 것으로 평가하였고, 남성 또한 마찬가지로 앞선 두 항목의 위험성을 높게 평가했지만 핵무기 전용(3.92), 방사능 유출(3.91점)로 핵무기 전용을 조금 더 높게 인식하는 차이를 보였다. 세부 항목 중 가장 낮은 위험인식을 보인 것은 방사선 치료로 남성(3.43점)이 여성(3.41점)보다 위험인식이 조금 더 높은 특징을 보이고 있다.

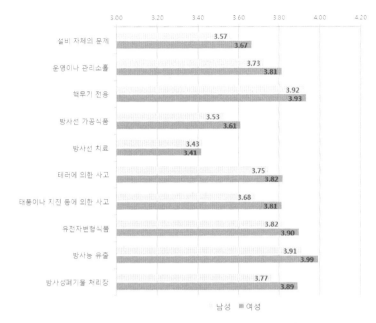

성별에 따른 원자력 발전/기술 위험의 심각성 인식

　　20대의 응답자가 가장 위험하다고 인식하는 원자력 발전/기술 위험은 '방사능 유출'로 나타났으며, 30대의 경우에는 '핵무기 전용'이 가장 높게 나타났다. 전 연령에서 공통적으로 '방사선 치료'는 위험성의 인식이 가장 낮은 것으로 응답되었다.

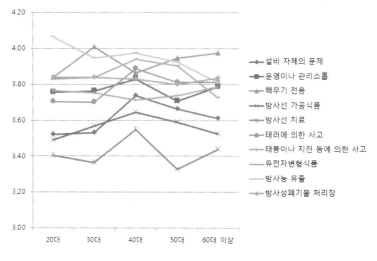

연령별 원자력 발전/기술 위험의 심각성 인식

신·변종 전염병

  신·변종 전염병 위험의 심각성 인식에 대한 문항에서는 3점 이상으로 전 항목에서 심각성을 인식하고 있는 것으로 나타났다. 특히 신종플루(3.91점)와 구제역(3.86점) 및 가축전염병(3.84점)이 높게 응답되었는데, 최근 우리나라 및 세계적으로 다양하게 발생한 질병의 영향으로 보인다. 조류독감 및 광우병 등이 뒤를 이었으며, 전반적으로 신·변종 전염병에 대한 심각성 인식이 다소 높음을 확인할 수 있었다.

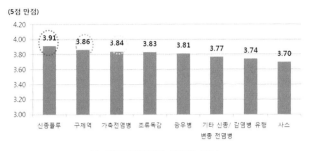

(5점 만점)

신·변종 전염병의 심각성 인식

신·변종 전염병에 대한 세부항목에 따른 남녀 차이 역시 여성의 위험인식이 남성보다 높게 나타났는데, 여성은 신종플루(3.97점), 가축 전염병(3.89점), 구제역(3.85점)을 위험한 것으로 인식하는 반면, 남성의 경우 구제역(3.87점), 신종플루(3.85점), 조류 독감(3.83점)을 위험한 것으로 인식하여 차이를 보였다.

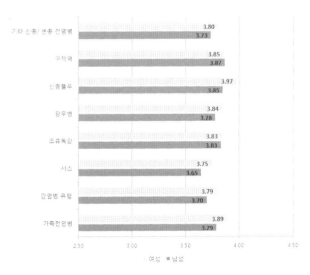

성별에 따른 신·변종 전염병의 심각성 인식

50대와 60대의 응답자는 '사스'의 심각성 인식이 다른 연령에 비해서 월등히 높았으며, 40대의 응답자는 '가축전염병'에 대한 위험인식도 높았다. 20대, 30대의 응답자는 다른 연령에 비해서 신·변종 전염병에 대한 위험인식이 다소 낮게 응답되었다.

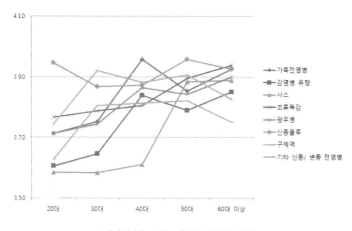

연령별 신·변종 전염병 심각성 인식

환경오염 사고

환경오염 사고에 대한 심각성 문항에서는 전 영역에서 3점 이상의 보통 이상으로 심각성을 인식하고 있는 것으로 나타났다. 지구온난화(3.94점)와 오존층 파괴(3.88점) 등 전 지구적 위험문제의 심각성을 가장 높게 인식하고 있는 것으로 나타났다. 뒤를 이어 교통사고(3.86점)와 폭발사고(3.80점), 가스사고(3.77점) 등의 인적인 위험사건들이 높게 응답되었다. 이에 반해, 용수시설 파괴(3.5점) 및 보건의료시설 파괴(3.48점)는 상대적으로 낮게 인식되는 것으로 나타났다.

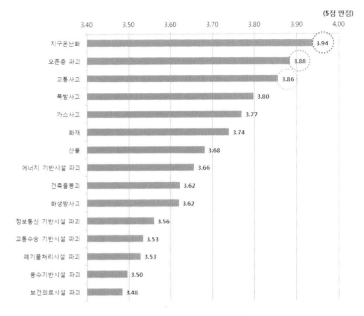

(5점 만점)

환경오염 사고의 심각성 인식

환경오염 사고의 심각성 인식의 모든 세부항목은 남녀 모두 3.0점 대 이상으로 나타났다. 여성이 남성보다 모든 항목에서 조금 더 심 각하게 인식하는 것으로 나타났고, 남녀 모두 지구온난화(여성 3.99점, 남성 3.89점)가 가장 높게, 보건의료시설 파괴(여성 3.49점, 남성 3.47점)가 가장 낮게 나타났다.

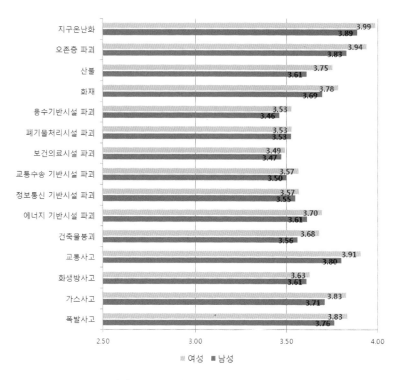

성별에 따른 환경오염 사고의 심각성 인식

20대와 60대의 응답자가 가장 심각하게 인식하는 환경오염 사고는 '교통사고'로 나타났으며, 30대는 '지구온난화', 40대는 '오존층 파괴', 50대는 '가스사고'를 심각하게 생각하는 것으로 나타났다.

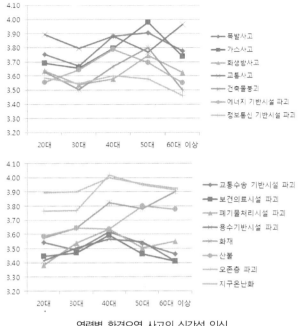

폭발사고
가스사고
화생방사고
교통사고
건축물붕괴
에너지 기반시설 파괴
정보통신 기반시설 파괴

20대   30대   40대   50대   60대 이상

교통수송 기반시설 파괴
보건의료시설 파괴
폐기물처리시설 파괴
용수기반시설 파괴
화재
산불
오존층 파괴
지구온난화

20대   30대   40대   50대   60대 이상

연령별 환경오염 사고의 심각성 인식

사이버테러

사이버테러의 다양한 위험 영역의 모든 항목에서 보통인 3점 이상으로 응답이 되어 다소 심각한 것으로 인식하는 것으로 나타났다. 그중에서도 개인정보 유출이 3.90점으로 가장 높게 응답되었으며, 주민번호 도용이 3.76점으로 높게 나타났다. 다음으로 높은 응답을 보인 것은 유해 콘텐츠(3.59점), 해킹(3.58점), 악플(3.56점), DDos 공격(3.55점), 악성코드·스파이웨어·웜(3.54점) 등의 순이었다.

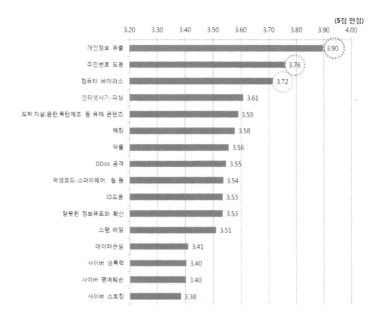

(5점 만점)

| | 3.20 | 3.30 | 3.40 | 3.50 | 3.60 | 3.70 | 3.80 | 3.90 | 4.00 |

개인정보 유출 3.90
주민번호 도용 3.76
컴퓨터 바이러스 3.72
인터넷사기·피싱 3.61
도박·자살·음란·폭탄제조 등 유해 콘텐츠 3.59
해킹 3.58
악플 3.56
DDos 공격 3.55
악성코드·스파이웨어, 웜 등 3.54
ID도용 3.53
잘못된 정보유포와 확산 3.53
스팸 메일 3.51
데이터손실 3.41
사이버 성폭력 3.40
사이버 명예훼손 3.40
사이버 스토킹 ... 3.38

사이버테러의 심각성 인식

사이버테러의 심각성에 대한 세부 항목을 살펴보면 여타 다른 위험과 비교하여 보다 많은 항목에서 남성이 여성보다 더 높은 수치를 기록하는 것으로 나타났다. 사이버 성폭력(남성 3.43점, 여성 3.38점), 유해 콘텐츠(남성 3.63점, 여성 3.55점), 악플(남성 3.60점, 여성 3.51점), 스팸 메일(남성 3.54점, 여성 3.48점), 인터넷 사기 피싱(남성 3.63점, 여성 3.59점) 등으로 각 항목에서 남성의 심각성 인식이 더 높게 측정되었다.

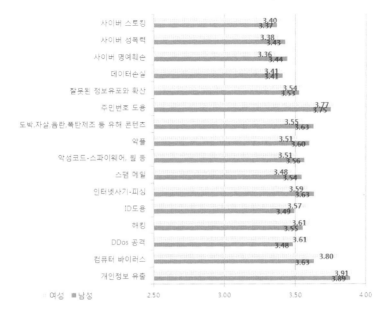

사이버 스토킹
사이버 성폭력
사이버 명예훼손
데이터손실
잘못된 정보유포와 확산
주민번호 도용
도박,자살,음란,폭탄제조 등 유해 콘텐츠
악플
악성코드-스파이웨어, 웜 등
스팸 메일
인터넷사기-피싱
ID도용
해킹
DDos 공격
컴퓨터 바이러스
개인정보 유출

여성 ■남성   2.50   3.00   3.50   4.00

성별에 따른 사이버테러의 심각성 인식

　　모든 연령층에서 '개인정보 유출'과 '주민번호 도용'이 가장 심각
한 위험으로 응답되었다. 60대 이상의 경우에는 사이버테러에 대한
심각성이 다른 연령층에 비해서 다소 낮게 응답되었다.

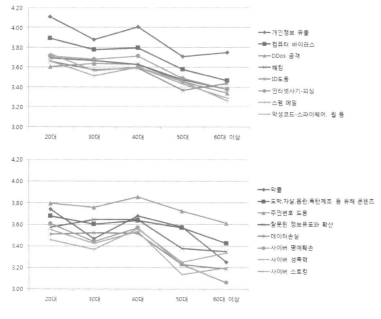

연령별 사이버테러 심각성 인식

2. 위험관여

위험 이슈에 대한 관여 수준을 확인하기 위해 '자연재해와 관련된 이슈에 관심이 있음(관심수준)', '자연재해는 나에게 있어 중요한 이슈임(중요도)', '자연재해는 나와 관련된 이슈임(관여도)' 등의 3가지 문항이 제시되었다. 그 결과 가장 높은 관여도를 보인 것은 '자연재해' 위험이었다. 뒤를 이어 높은 점수를 나타낸 것은 '환경오염 사고'였다. 가장 낮은 관심도를 나타낸 것은 '사이버테러' 영역으로 관심의 수준·중요한 문제·밀접한 관계 모두 가장 낮게 응답되었다.

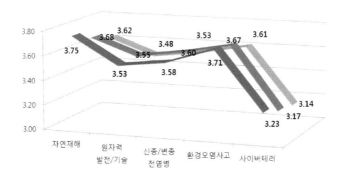

3.80
3.68 3.62
3.75 3.55 3.48 3.53 3.67 3.61
3.53 3.60
3.60 3.71
3.40 3.58
3.20 3.14
3.17
3.00 3.23

자연재해　　원자력　신종/변종　환경오염사고　사이버테러
　　　　발전/기술　전염병

■관심수준　■중요도　▨관여도

위험관여

　자연재해의 경우 여성이 남성보다 '관심수준(여성 3.82점, 남성 3.69점)', '중요도(여성 3.73점, 남성 3.63점)', '관여도(여성 3.65점, 남성 3.59점)'으로 모든 측면에서 자연재해 위험에 대한 관심의 정도가 더 높은 것으로 나타났다.

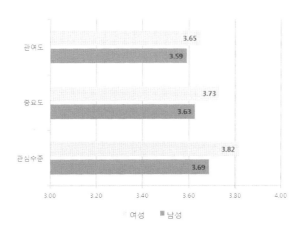

성별 자연재해에 대한 관여

모든 연령에서 자연재해에 대한 관여도가 3점의 보통 이상보다 높은
것으로 나타났으며, 특히 40대와 50대의 응답이 가장 높게 나타났다.

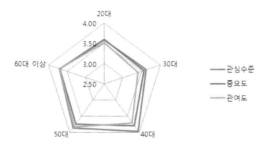

연령별 자연재해에 대한 관여

원자력 발전/기술 위험에 대한 관여를 살펴보면, '관여도'와 '중요
도'의 측면에서는 남성이 여성보다 더 높게 인식하고 있는 반면, '관
심수준'은 여성이 남성보다 높은 것을 알 수 있다.

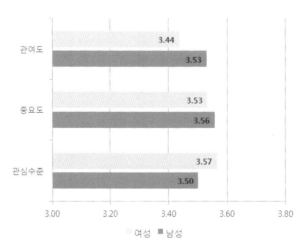

성별 원자력 발전/기술 위험에 대한 관여

원자력 발전/기술 위험에 대한 관여가 가장 높게 응답된 연령층은 40대로 나타났으며, 20대와 30대는 다소 낮은 관여도를 보였다.

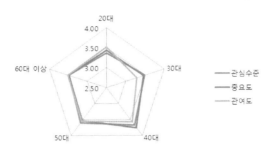

연령별 원자력 발전/기술 위험에 대한 관여

신·변종 전염병의 경우 모든 항목에서 여성이 남성보다 더 높게 나타났다. 여성은 '중요도' 항목이 3.67점인데 반해 남성은 3.53점에 머물렀다. '관심수준' 항목 또한 여성은 3.64점, 남성은 3.52점으로 나타났으며, '관여도'의 항목에서 여성은 3.55점, 남성은 3.52점으로 측정되었다.

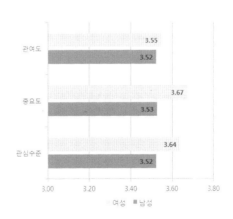

성별 신·변종 전염병에 대한 관여

신·변종 전염병에 대한 관여는 전 연령층에서 비슷하게 나타났으나, 40대, 50대, 60대의 중장년층에서 높게 응답되었다.

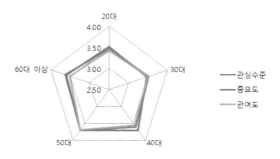

연령별 신·변종 전염병에 대한 관여

환경오염 사고의 관여 역시 여성이 남성보다 높았는데, 여성은 '중요도'의 차원이 3.71점으로 가장 높게 나타났고, 남성은 '관심수준'이 3.72점으로 가장 높게 나타난 것이 특징이다.

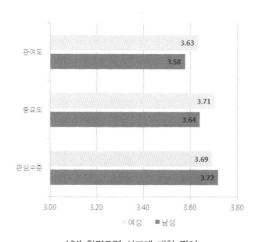

성별 환경오염 사고에 대한 관여

환경오염 사고에 대한 관여는 40대의 응답에서 가장 높게 나타났으며, 20대와 30대의 청년층의 관여도는 다소 낮은 것으로 응답되었다.

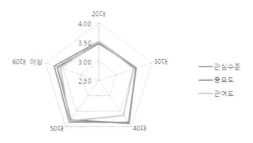

연령별 환경오염 사고에 대한 관여

사이버테러 위험의 경우 '관심수준'(남성 3.29점, 여성 3.18점), '중요도'(남성 3.22점, 여성 3.12점), '관여도'(남성 3.20점, 여성 3.09점)으로 모든 항목에서 남성이 여성보다 더 높게 나타난 것이 특징이다. 다시 말해서, 사이버테러 위험에 대해서 남성이 여성에 비해 상대적으로 관심이 더 높다고 할 수 있겠다.

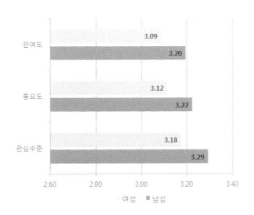

성별 사이버테러에 대한 관여

50대와 60대의 응답자에게 사이버테러는 '관여도'가 다른 위험요소에 비해 낮게 응답되었다. 또한 다른 위험에 대한 관여도가 낮았던 20대의 경우, 사이버테러에 대한 관여도는 다른 영역에 비해 다소 높게 응답되었다.

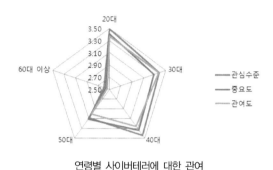

연령별 사이버테러에 대한 관여

3. 위험 이슈에 대한 태도

위험 이슈에 대한 태도를 확인하기 위해 다음과 같은 문항들이 제시되었다. 5점 척도 기준으로 점수가 낮을수록 왼쪽에 가까운 것이며 점수가 높을수록 오른쪽의 문항에 가깝다.

위험 이슈에 대한 태도 문항

태도	내용
자발성	자발적으로 알려진 – 자발적으로 알려지지 않은
친근성	친근한 – 친근하지 않은
통제성	나에 의해 통제되는 – 다른 사람에 의해 통제되는
공평성	누구에게나 공평한 – 공평하지 않은

치명성	치명적이지 않은-치명적인
인위성	자연적인-인위적인
발견가능성	발견할 수 있는-발견할 수 없는
신종 여부	오래된-새로운
과학관련성	과학에 의해 알려진-과학에 의해 알려지지 않은
지역밀접성	내가 사는 곳에 없는-내가 사는 곳에 있는

각각의 위험 영역에 대한 태도를 확인해본 결과, '자발성' 항목이 가장 높은 위험 영역은 원자력 발전/기술(3.36점)이었으며, 사이버테러(3.34점), 신·변종 전염병(3.29점)의 순으로 응답되었다. 자연재해나 환경오염 사고는 이에 비해 3점에 근접하여 보통으로 나타났다.

위험 영역에 대한 '친근성'에서 높은 응답을 나타낸 것은 신·변종 전염병(3.43점), 사이버테러(3.37점), 원자력 발전/기술(3.36점) 순이었다. 뒤를 이어 자연재해(3.17점), 환경오염 사고(3.11점)의 순으로 자발성과 동일하게 응답되었다.

통제가능성을 나타내는 '통제성'은 모든 항목에서 3.3점 이상을 나타내고 있는데, 모든 위험이 응답자에 의해서 통제되기보다는 다른 사람에 의해 통제 및 해결될 수 있는 것으로 인식됨을 의미한다.

위험사안이 발생했을 때, 해당 위험 영역의 '공평성'에 대한 응답에는 사이버테러(3.33점)와 원자력 기술(3.19점)이 높게 응답되었으며, 자연재해 영역과 신·변종 전염병(2.98점), 환경오염 사고(2.95점) 순으로 나타났다. 따라서 자연재해와 신·변종 전염병, 환경오염 사고 영역은 개인의 역량에 상관없이 누구에게나 발생할 수 있는 위험으로 인식되는 것으로 이해된다.

'치명성' 문항에서 가장 높은 응답을 나타낸 것은 원자력 발전/기술로 3.78점으로 나타났다. 뒤를 이어 자연재해(3.69점), 신·변종 전염병(3.67점), 사이버테러(3.47점)의 순으로 나타났다.

위험사안이 자연적으로 발생한 것인지, 인위적인지 여부를 확인하는 '인위성' 부분에서는 사이버테러가 3.61점, 원자력 발전/기술이 3.59점으로 다른 영역의 위험에 비해 높게 응답되었다. 이는 이러한 위험 영역이 발생하는 원인이 특정 인물에 의해서 조작되거나 인적인 실수에 기인한다는 것으로 인식되고 있음을 시사한다.

위험을 발견할 수 있는지의 여부, 즉 '발견가능성' 항목에서 가장 높은 응답을 보여준 것은 원자력 발전/기술 부분으로 3.12점으로 나타났다. 뒤를 이어 사이버테러(3.05점), 신·변종 전염병(3.04점)으로 응답되었다. 이에 비해 자연재해(2.89)와 환경오염 사고(2.93점)는 모두 3점 미만으로 보통보다 낮게 응답되었다. 이는 자연적으로 발생할 수 있거나 자연 영역의 위험은 응답자가 쉽게 확인하고 발견하기 어려운 것으로 인식하고 있음을 알 수 있는 부분이다.

위험이 발생한 시간적인 변화를 인식하고 있는지를 확인하기 위한 '신종 여부' 문항에서는 사이버테러(3.48점), 신·변종 전염병(3.40점), 원자력 발전/기술(3.35점) 순으로 응답되었다. 이에 비해 자연재해는 2.89점으로 과거부터 발생해 온 위험으로 인식하고 있었다.

위험 이슈별 '과학연관성'에 대한 문항에서 가장 높은 응답을 나타낸 것은 자연재해로 3.12점으로 과학과의 연관성이 가장 떨어지는 것으로 나타났다. 하지만 환경오염 사고(2.95점), 신·변종 전염병(2.88점), 사이버테러(2.87점), 원자력 발전/기술(2.86점) 등 모두 3점 미만으로 응답되어 이와 같은 위험의 원인이 과학과 연관이 있는 것으로 응답자가 인식하고 있음을 확인할 수 있다.

'지역적 밀접성'에 대한 항목은 원자력 발전/기술(2.98점)을 제외

한 모든 영역에서 보통 이상으로 응답이 나타났다. 이는 국내 원자
력 기술의 특성상 도서 산간에 위치한 원자력발전소의 입지 조건으
로 인하여 응답자 대다수가 원자력 기술이 자신과 지역적으로 멀게
느끼고 있음을 확인할 수 있었다. 그러나 원자력 발전/기술을 제외
한 모든 위험은 응답자가 거주하고 있는 지역에서 발생할 수 있는
것으로 인식하고 있었다.

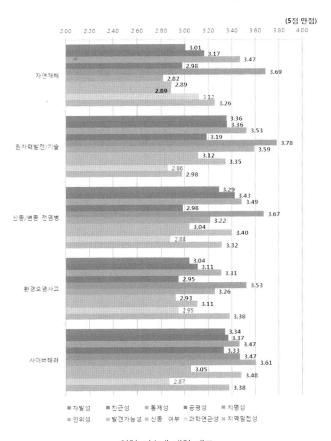

위험 이슈에 대한 태도

자연재해

　자연재해 위험에 대한 태도를 살펴보면 치명성을 여성(3.74점)과 남성(3.64점) 모두 가장 높게 평가하는 것으로 나타났다. 남녀 간의 차이가 두드러진 항목으로는 공평성 차원에서 남성은 3.06점, 여성은 2.90점으로 남성이 여성보다 더 공평하다고 인식하는 것으로 나타났다. 또한 위험의 오래된 또는 새로운 정도를 나타내는 신종 여부 차원에서는 남성은 3.0점으로 측정된 반면, 여성은 2.77점으로 평가되어 남성과 여성 간의 인식 차이를 발견할 수 있었다.

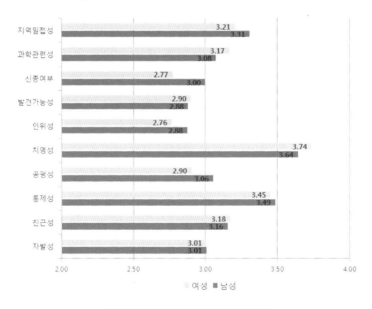

성별에 따른 자연재해 위험에 대한 태도

　연령별로 살펴본 결과, 전 연령에서 치명성이 가장 높게 응답되었다. 다만 20대와 40대의 응답자에서 치명성 응답이 다른 연령에 비해 다소 낮았다.

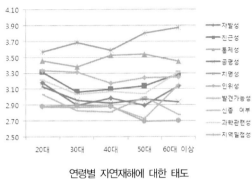

연령별 자연재해에 대한 태도

원자력 발전/기술 위험

원자력 발전/기술 위험에 대한 태도에 있어서 발견가능성, 인위성, 치명성, 공평성, 통제성, 친근성, 자발성 등 많은 항목에서 여성이 남성보다 높게 인식하는 것으로 나타났다. 반면, 지역밀접성 항목에서만 남성이 여성보다 더 높게 인식하고 있었다.

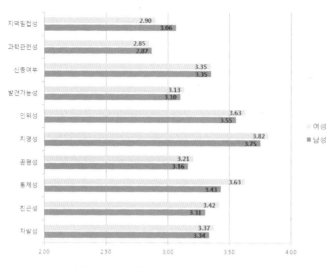

성별에 따른 원자력 발전/기술 위험에 대한 태도

원자력 발전/기술에 대한 연령별 태도에서 가장 높은 응답을 나타
낸 것은 치명성 항목이었다. 최근 몇 년간 국내외에서 발생한 원자
력 관련 위험사고들에 대한 미디어 보도가 늘어남에 따라 관련 위험
에 대한 심각성의 인식이 확대된 것으로 보인다. 60대 이상의 응답
자에서 가장 낮은 항목은 '지역밀접성'으로 나타났다.

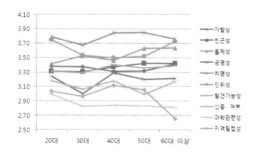

연령별 원자력 발전/기술 위험에 대한 태도

신·변종 전염병

신·변종 전염병의 경우 지역밀접성, 신종 여부, 친근성, 자발성 항목에서는 남성이 여성보다 더 높게 나타난 반면, 과학관련성, 발견가능성, 인위성, 치명성, 공평성, 통제성 측면에서는 여성이 남성보다 더 높게 인식하고 있는 것으로 나타났다.

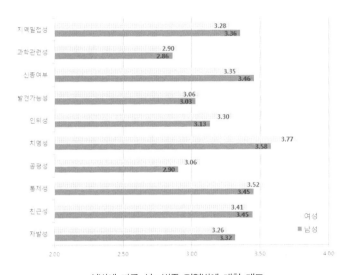

성별에 따른 신·변종 전염병에 대한 태도

신·변종 전염병에 대한 태도에서 가장 높은 응답을 나타낸 것은 '치명성'이었다. 50대와 60대의 경우, '과학관련성'의 응답이 가장 낮았는데 이는 신·변종 전염병에 대한 지식이 부족한 것으로 분석된다.

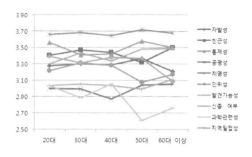

연령별 신·변종 전염병에 대한 태도

환경오염 사고

　환경오염 사고의 경우 거의 모든 항목에서 성별 간의 큰 차이가 없었다. 좀 더 면밀히 살펴보면, 지역밀접성, 인위성, 공평성, 통제성, 자발성 항목에서는 남자가 여자보다 높게 평가하고 있으며, 그외 과학관련성, 신종 여부, 발견가능성, 치명성, 친근성 항목에서는 여성이 더 높게 평가하고 있는 것으로 나타났다.

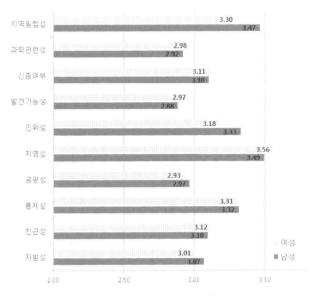

성별에 따른 환경오염 사고에 대한 태도

환경오염 사고에 대한 연령별 태도에서는 '치명성'이 가장 높게 응답되었다. '인위성'에 대한 응답은 전 연령에서 3점의 보통 이상으로 응답되었으며, 특히 40대의 경우 3.48점으로 다소 높았다. 반면, '공평성'에 대한 응답은 40대가 가장 낮았다.

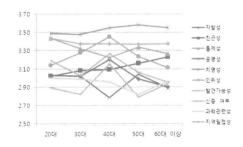

연령별 환경오염 사고에 대한 태도

사이버테러

사이버테러의 경우 신종 여부, 치명성, 친근성의 세 항목을 제외한 모든 항목에서 남성이 여성보다 더 높게 평가하는 것으로 나타났고, 통제성 측면에서는 3.47점으로 남성과 여성이 동일한 태도를 보였다.

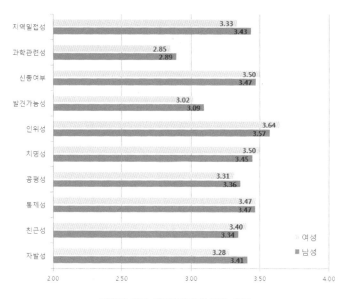

성별에 따른 사이버테러에 대한 태도

사이버테러에 대한 연령별 태도에서 가장 높게 응답된 항목은 '인위성'이었다. 사이버테러의 경우, 대부분 인재에 의해 발생하는 것으로 인식하고 있는 것으로 볼 수 있다. '과학관련성'은 전 연령에서 3점 미만으로 다소 낮게 응답되었으며, '지역밀접성'도 낮게 나타났다. 이는 사이버테러가 지역성을 무시하는 경향이 있음을 의미하는 것으로 보인다.

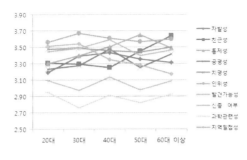

연령별 사이버테러에 대한 태도

4. 위험문제 예방 및 해결에 대한 태도

위험문제의 예방 및 해결에 대해 어떻게 생각하고 있는지를 확인하기 위해 다음과 같은 5가지 문항으로 측정하였다.

위험문제 예방 및 해결에 대한 태도 문항

태도	내용
자주 생각함	관련 위험에 대해 자주 생각하는 편
중요함	관련 위험 이슈가 중요하다고 생각
심각함	관련 위험 이슈가 심각하다고 생각
스스로 행동 가능함	관련 위험 이슈를 다루거나 해결하기 위해서 나 스스로 무슨 일을 할 수 있다고 생각
노력으로 해결	나의 노력 정도에 따라 관련 위험 문제가 해결될 가능성이 있다고 생각

위험 이슈를 '자주 생각하는지'에 대한 문항에 사이버테러(2.96점)를 제외하고 모든 영역에서 3점(보통) 이상으로 응답되었다. 네 가지 위험 영역에 대해서 자주 생각하는 반면, 사이버테러 영역에 대한 관심이 부족함을 시사한다. 이러한 관심 부족은 위험 영역의 '중

요성'에서도 확인할 수 있는데, 모든 위험 영역에서 3점 이상으로 위험 이슈가 중요하게 인식되고는 있으나 사이버테러의 경우에는 3.24점으로 다른 영역에 비해 낮은 점수를 나타냈다.

위험 이슈의 심각함을 묻는 문항에서 가장 높은 응답을 보인 것은 자연재해(3.71점), 환경오염 사고(3.62점), 원자력 발전/기술(3.57점), 신·변종 전염병(3.40점), 사이버테러(3.29점)의 순으로 응답되었다.

위험 이슈를 자발적인 행동으로 해결할 수 있는지에 대한 문항에서 가장 높은 응답을 나타낸 것은 3.33점의 환경오염 사고 영역이었으며, 자연재해가 3.18점으로 뒤를 이었다. 그러나 원자력 발전/기술, 신·변종 전염병, 사이버테러는 평균 3점에 근접해 있어 다른 영역에 비해서는 응답자 스스로 해결하기 어려운 위험 이슈로 인식하고 있음을 알 수 있다.

위험 이슈가 응답자의 노력 정도에 따라 해결될 가능성이 있는지를 묻는 질문에서는 환경오염 사고(3.15점)와 자연재해(3.05점)를 제외하고는 모든 영역에서 보통 이하로 응답되었다.

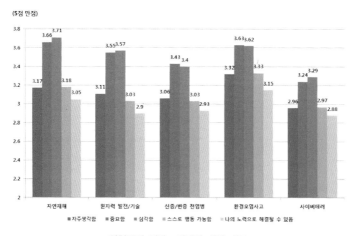

위험문제 예방·해결에 대한 태도

자연재해의 해결과 관련한 성별 응답은 3.0점 이상의 보통 이상으로 나타났다. 모든 항목에서 여성이 남성보다 더 높게 측정되었는데, '자주 생각함' 항목에서 여성이 3.26점, 남성이 3.09점으로 성별 간 차이가 가장 컸다. 반면, 남녀 모두 '심각함', '중요함'이 가장 높게 나타났다.

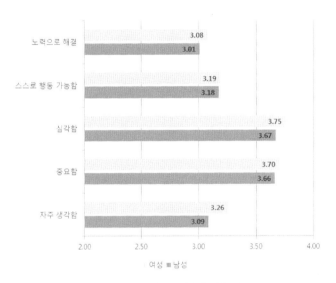

성별 자연재해 예방·해결에 대한 태도

자연재해 위험의 예방 및 해결과 관련한 연령별 응답은 전반적으로 유사한 수준으로 나타났다. 자연재해의 '심각성'과 '중요성'에 대한 응답에서 3.5점 이상으로 모든 연령에서 높게 나타났다. 또한 '자주 생각함', '노력으로 해결' 등의 항목에서도 3점 이상으로 응답되어 자연재해에 대한 관심이 높음을 알 수 있다.

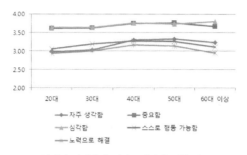

연령별 자연재해 예방·해결에 대한 태도

원자력 발전/기술 위험의 해결에 대한 태도는 성별 간의 뚜렷한 차이가 나타나지 않았다. 여성은 원자력 관련 문제에 대한 '심각함'이 가장 높은 반면, 남성은 '중요함' 항목이 가장 높은 것으로 나타난 것이 특징이다.

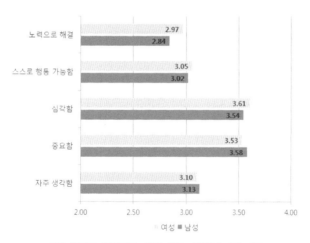

성별 원자력 발전/기술 위험 예방·해결에 대한 태도

연령별 원자력 발전/기술에 대한 태도는 '중요함'과 '심각함'이 다른 항목에 비해 높게 응답되었다. 40대의 경우에는, 중요함이 심각함보다 조금 높게 응답되었다. 30대의 경우에는 다른 연령에 비해 '행동 가능'과 '노력으로 해결'의 항목이 3점 미만으로 소극적인 모습을 나타냈다.

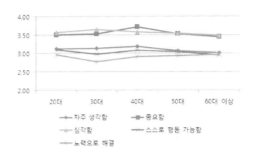

연령별 원자력 발전/기술 위험 예방·해결에 대한 태도

성별에 따른 신·변종 전염병 해결에 대한 태도를 살펴보면, 모든 항목에서 여성이 남성보다 더 높게 나타났는데, 여성은 '심각함'과 '중요함'이 동일하게 가장 높게 나타났고, 뒤이어 '자주 생각함', '스스로 행동 가능함', '노력으로 해결' 순으로 나타났다. 남성 또한 '심각함'과 '중요함'이 가장 높게, '스스로 행동 가능함', '자주 생각함', '노력으로 해결' 순으로 나타났다.

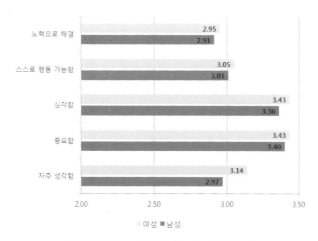

성별 신・변종 전염병 예방・해결에 대한 태도

신・변종 전염병에 대한 태도에서도 '심각성'과 '중요성' 항목이 가장 높은 응답을 보였는데, 60대 이상의 연령에서는 '중요성'이 '심각성'의 항목보다 높게 응답되었다. 한편, 전 연령에서 '노력으로 해결할 수 있다'는 응답이 3점 미만으로 나타나 신・변종 전염병의 불가항력적 특성이 고려된 것으로 보인다.

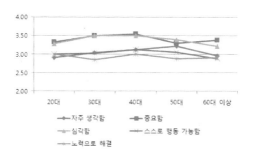

연령별 신・변종 전염병 예방・해결에 대한 태도

성별에 따른 환경오염 사고 해결에 대한 태도에는 별다른 차이가 나타나지 않았다. 하지만 여성은 '심각함'을 가장 높게, 남성은 '중요함'을 가장 높게 평가하고 있는 것을 알 수 있다.

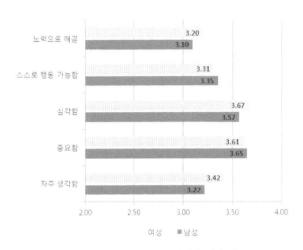

성별 환경오염 사고 예방·해결에 대한 태도

환경오염 사고의 예방 및 해결에 대한 연령별 태도에서는 '심각성'과 '중요성'의 항목이 3.5점으로 다소 높게 응답되었다. 또한 모든 영역에서 3점 이상으로 높게 응답되었다. 환경오염의 예방 및 해결에 있어서 응답자의 노력과 행동이 필요하다는 것을 간접적으로 보여주는 부분이라고 할 수 있다.

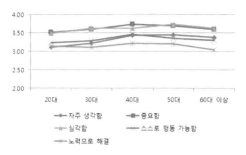

연령별 환경오염 사고 예방·해결에 대한 태도

사이버테러는 다른 위험들과 비교하여 남성이 여성보다 모든 항목에서 더 높은 수치를 나타낸 것이 특징이다. 가장 두드러진 성별간 태도의 차이는 '스스로 행동 가능함'에 있어 남성은 3.09점, 여성은 2.85점으로 나타났다. 남성이 여성에 비해 사이버테러에 대해 보다 더 도전적인 태도를 가지고 있음을 유추할 수 있다.

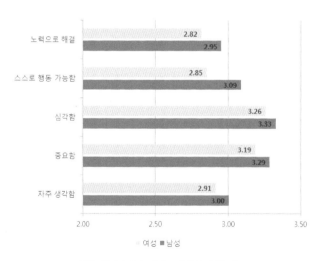

성별 사이버테러 예방·해결에 대한 태도

사이버테러의 예방 및 해결에 대한 연령별 태도에서 '심각성'과 '중요성'이 높게 응답되었다. 그러나 연령이 높아질수록 관련 문항에 대한 태도가 낮아지고 있으며, 이는 사이버테러에 대한 사전 지식이 연령이 높을수록 부족함을 의미하는 것이라 할 수 있다.

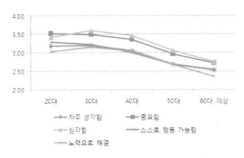

연령별 사이버테러 예방·해결에 대한 태도

5. 위험 관련 정보추구 행동

1) 미디어의 이용

위험 관련 정보를 획득하는 데 가장 많이 이용되는 수단은 'TV'로 나타났다. 모든 위험 영역에서 다른 미디어에 비해 높게 나타났으나 '사이버테러'의 영역에서는 다른 위험 영역에 비해 낮은 점수 (3.51점)로 나타났다. 이는 사이버테러에 대한 응답자의 관심이 부족한 것을 반영하는 부분이라 할 수 있다. 두 번째로 많이 이용되는 미디어는 신문으로 나타났으며, 사이버테러에 대한 정보추구행동에 있어서는 인터넷이 신문보다 소폭 높게 이용되는 것으로 나타났다. 모든 위험 영역에 있어서 라디오는 다른 미디어에 비해 낮은 응답을 보였으나 3점 이상으로 보통 이상의 정보추구행동 미디어로 이용됨을 보여주었다.

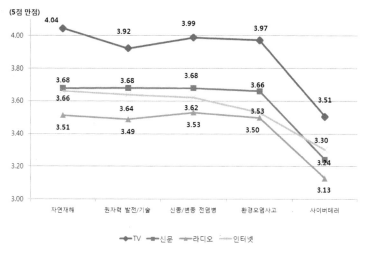

위험 정보추구를 위한 이용 미디어

자연재해

자연재해에 대한 뉴스를 접할 때 어떤 미디어에 주의를 기울이는지에 대해서는 남녀 간의 차이가 발생하였다. 남자의 경우 TV(4.07점), 신문(3.76점), 인터넷(3.63점), 라디오(3.46점) 순으로 미디어 선호가 나타난 반면, 여자의 경우 TV(4.02점), 인터넷(3.69점), 신문(3.59점), 라디오(3.57점) 순으로 나타났다. 이는 성별에 따라 미디어의 정보획득 경로와 미디어의 정보 유용성 평가에 따른 차이에서 기인된 것으로 보인다.

성별 자연재해 관련 정보추구 미디어

연령별 분석결과, 모든 연령에서 TV가 최우선 미디어로 나타났다. 다음으로 많이 이용되는 미디어는 20대, 30대, 40대의 경우에는 인터넷이었으며, 50대와 60대는 신문이 주로 이용되고 있었다.

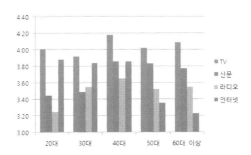

연령별 자연재해 관련 정보추구 미디어

원자력 발전/기술 위험

성별에 따른 원자력 발전/기술 위험에 대한 미디어 이용에는 다소 차이가 있는 것으로 나타났다. 남녀 모두 TV(남성 3.97점, 여성 3.88점)에 가장 높은 주의를 기울일 것이라고 했지만, 여성은 인터넷(3.69점), 남성은 신문(3.76점)이 각각 2순위를 차지했다.

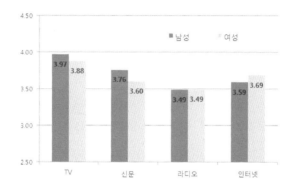

성별 원자력 발전/기술 위험 관련 정보추구 미디어

연령별 원자력 발전/기술 위험에 대한 정보를 획득하는 미디어로 가장 많이 이용되는 것은 TV로 나타났다. 40대, 50대, 60대의 경우에는 신문이 두 번째였으나, 20대, 30대의 경우에는 인터넷이 두 번째로 높은 응답이 나타났다. 특이한 것은 30대의 경우, 라디오를 이용하여 정보를 획득하는 것이 신문을 이용하는 것보다 더 높게 응답되었다는 점이다.

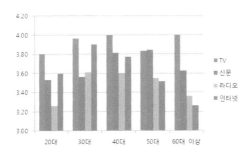

연령별 원자력 발전/기술 위험 관련 정보추구 미디어

신·변종 전염병

　신·변종 전염병 위험 관련 미디어 이용에는 여성과 남성 모두 TV, 신문, 인터넷, 라디오 순으로 나타났다. 다만 여성이 남성에 비해 상대적으로 더 많이 미디어에 주의를 기울이는 것을 알 수 있다.

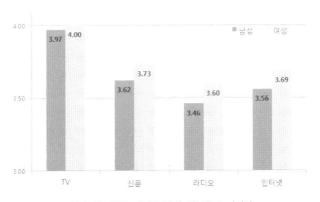

성별 신·변종 전염병 관련 정보추구 미디어

　연령별 분석결과, 신·변종 전염병에 대한 정보를 획득하는 데 있어 가장 많이 이용되는 미디어는 모든 연령에서 TV로 응답되었다. 50대와 60대는 신문, 라디오, 인터넷 순으로 응답이 나타났으나 20대, 30대, 40대는 인터넷, 신문, 라디오의 순으로 나타났다. 연령에 따른 미디어 이용이 그대로 반영된 것으로 볼 수 있다.

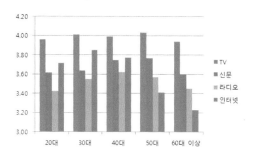

연령별 신·변종 전염병 관련 정보추구 미디어

환경오염 사고

환경오염 사고 위험 관련 미디어 이용 순위에서는 남성과 여성의 이용 순위에 성별 간 차이가 나타났다. 남성의 경우 TV(3.94점), 신문(3.66점), 인터넷(3.54점), 라디오(3.47점) 순으로 집계된 반면, 여성은 TV(4.00점), 신문(3.66점), 라디오(3.53점), 인터넷(3.51점) 순으로 나타났다. 여성의 경우 환경오염 사고 관련해서 미디어 이용에 있어 다른 위험들과 다른 양상을 보이는데, 신문과 라디오의 이용이 인터넷을 넘어선 것이 그 특징이라 할 수 있다.

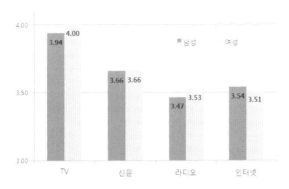

성별에 따른 환경오염 사고 관련 정보추구 미디어

연령별 환경오염 사고 관련 정보를 획득하는 미디어로는 TV가 가장 높게 나타났다. 두 번째로 많은 이용이 되는 미디어는 40대와 50대, 60대의 경우에는 신문이었으며, 20대와 30대는 인터넷으로 응답되었다. 50대와 60대의 인터넷 이용은 가장 낮았다.

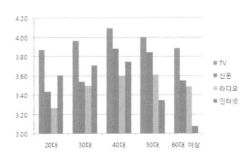

연령별 환경오염 사고 관련 정보추구 미디어

사이버테러

사이버테러 관련 미디어 이용에 있어서 성별 간의 특성을 살펴보면, 남성은 TV(3.56점), 신문(3.37점), 인터넷(3.31점), 라디오(3.14점) 순으로 나타난 반면, 여성은 TV(3.45점), 인터넷(3.30점), 신문(3.12점), 라디오(3.12점) 순으로 나타났다.

성별에 따른 사이버테러 관련 정보추구 미디어

연령별 사이버테러 관련 정보추구 미디어 비교분석 결과, 50대와 60대는 모든 미디어에서 응답이 가장 낮게 나타났다. 이는 사이버테러에 대한 기존적인 지식이 부족한 것을 나타내고 있으며, 이에 반해 20대와 30대의 사이버테러에 대한 정보획득이 월등히 높게 나타났다. TV가 여전히 가장 높은 비중을 차지하고 있으나, 다른 위험영역과 달리 인터넷의 이용이 높은 것이 특징이라 할 수 있다.

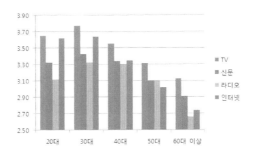

연령별 사이버테러 관련 정보추구 미디어

2) 위험 관련 논의 대상

위험에 대한 정보를 획득하기 위해서 논의 대상으로 가장 많이 이용되는 대상은 '가족'인 것으로 나타났다. 대부분의 위험 영역에서 가족이 친구와 주변 전문가에 비해 높게 나타났으나, 사이버테러 영역에서만 친구가 가족보다 논의 대상으로 소폭 높게 응답되었으며 모든 위험 영역에서 주변 전문가와의 논의는 다소 낮은 응답을 보였다. 그러나 정보추구를 하고자 하는 논의 대상의 응답은 사이버테러의 주변 전문가(2.99점)를 제외하고는 보통 이상으로 나타났다. 사이버테러는 주변 전문가에 대해서 다소 불신하고 있는 것으로 해석된다.

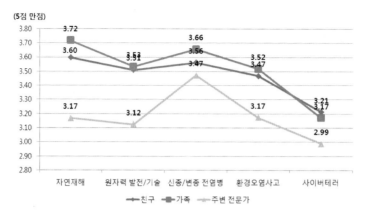

(5점 만점)

위험정보 관련 논의 대상

자연재해

자연재해 발생 시 누구와 논의할 것인가에 있어서, 남성과 여성 모두 가족(남성 3.68점, 여성 3.75점)이 가장 높고, 친구(남성 3.61점, 여성 3.58점), 주변 전문가(남성 3.16점, 여성 3.18점) 순으로 나타났다.

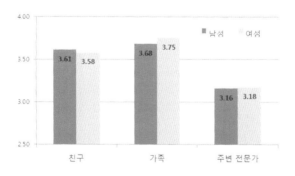

성별에 따른 자연재해의 논의 대상

연령별 분석결과, 모든 연령에서 논의 대상으로 가장 높은 비중을 차지하는 것은 가족이었으며, 친구가 두 번째로 높은 응답을 나타냈다. 주변 전문가는 전 연령에서 가장 낮게 나타났으며, 20대의 경우에는 '보통' 정도로 전문가에 대한 신뢰를 보여주었다.

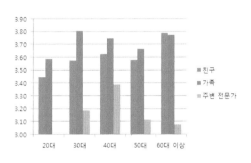

연령별 자연재해의 논의 대상

원자력 발전/기술 위험

원자력 관련 위험발생 시 성별에 따른 차이를 보이는데, 남성의 경우 친구(3.49점), 가족(3.47점), 주변 전문가(3.08점) 순으로 나타난 반면, 여성은 가족(3.60점), 친구(3.53점), 주변 전문가(3.17점) 순으로 나타났다. 다시 말해서, 남성은 친구를, 여성은 가족을 최우선 논의 대상으로 생각한다는 것이다.

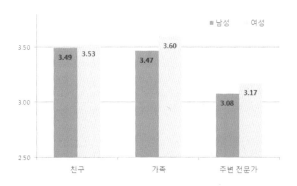

성별에 따른 원자력 발전/기술 위험의 논의 대상

연령별 분석결과, 20, 30, 50대는 가족을 최우선의 논의 대상으로 고려하는 반면, 40, 60대는 친구를 최우선의 논의 대상으로 고려하는 것으로 나타나 차이를 보였다. 모든 연령에서 주변 전문가에 대한 고려 수준은 매우 낮게 나타났는데, 이는 원자력 관련 정보가 일반인이 접근하거나 이해하기 어려운 지식 분야이며 관련 전문가 역시 주변에서 흔히 만날 수 있는 전문가들이 아니기 때문으로 이해된다.

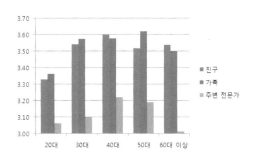

연령별 원자력 발전/기술 위험의 논의 대상

신·변종 전염병

신·변종 전염병 위험 관련 논의 대상을 비교한 결과, 남녀 모두 가족(남성 3.60점, 여성 3.71점), 친구(남성 3.53점, 여성 3.59점), 주변 전문가(남성 3.47점, 여성 3.48점) 순으로 나타났다.

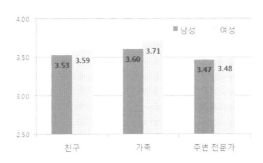

성별에 따른 신·변종 전염병의 논의 대상

연령별 분석결과, 신·변종 전염병의 논의 대상은 가족과 친구가 가장 많이 고려되고 있는 것으로 나타났다. 특이하게도 다른 위험 영역에 비발전/기술변 전문가에게 논의한다는 응답이 높았다. 이는 다른 영역보다 관련 정보를 알고 있는 전문가(의사 등)가 주변에 많이 존재하기에 나타난 응답으로 분석된다.

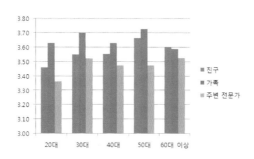

연령별 신·변종 전염병의 논의 대상

환경오염 사고

환경오염 사고가 발생할 경우 남녀 모두 가족(남성 3.46점, 여성 3.58점), 친구(남성 3.45점, 여성 3.48점), 주변 전문가(남성 3.16점, 여성 3.19점) 순으로 논의 대상을 고려하는 것으로 나타났다.

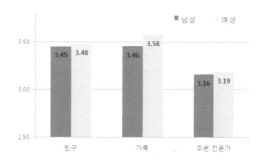

성별에 따른 환경오염 사고의 논의 대상

연령별 분석결과, 대다수 연령에서 논의 대상으로 가장 많이 고려되는 대상은 가족이었으며, 두 번째로 높은 응답은 친구로 나타났다. 주변 전문가에 대한 응답은 모든 연령대에서 보통 이상으로 나타났다.

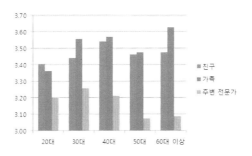

연령별 환경오염 사고의 논의 대상

사이버테러

사이버테러가 발생할 경우 남녀 모두 다른 사람들과 논의할 의도가 다른 위험들에 비해 낮았는데, 남성은 3.28점으로 친구를 가장 고려할 대상으로 선택했고, 이어서 가족(3.19점), 주변 전문가(3.08점) 순으로 나타났다. 반면, 여성은 친구와 가족이 각각 3.15점으로 동일하게 나타났고, 주변 전문가의 경우 남성보다 비교적 낮은 2.90점으로 평가되었다.

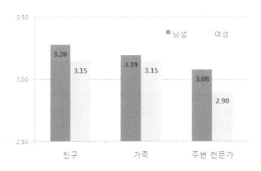

성별에 따른 사이버테러의 논의 대상

연령별 분석결과, 30대를 제외하고 모두 친구가 가장 높게 나타났다. 30대만이 가족이 가장 높게 응답되었는데, 이는 사이버테러에 대한 정보를 획득하는 데 있어서 가족 내의 구성원보다는 외부의 사람들이 더 많이 선호됨을 확인할 수 있다. 또한 다른 위험 영역에 비발전/기술변 전문가의 응답이 높은데, 이는 인터넷 및 PC의 사용 인구가 폭발적으로 증가함에 따른 것으로 분석된다.

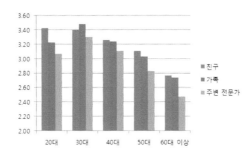

연령별 사이버테러의 논의 대상

5 위험 유형별 인식 및 태도

1. 자연재해

1) 정보획득 경로·정보획득 미디어 유용성

사람들은 위험을 직접 경험하기보다는 미디어를 통해서 간접적으로 경험하기 때문에 자연재해 위험에 대한 정보를 어느 미디어를 통해서 가장 많이 획득할까 또는 어느 미디어의 정보를 가장 유용하다고 평가하는지의 문제는 매우 중요하다. 이에 자연재해에 대한 정보 획득 경로와 미디어의 유용성을 측정하였다.

자연재해에 대한 정보를 획득하는 경로는 텔레비전(70.8%), 인터넷(13.4%), 스마트폰(10.4%) 순으로 나타났다. 그 외에 신문(3.8%), 라디오(1.0%), 부모나 가족, 친구 기타 주변 사람들(0.6%)에 의해 자연재해 정보를 획득하는 것을 알 수 있다.

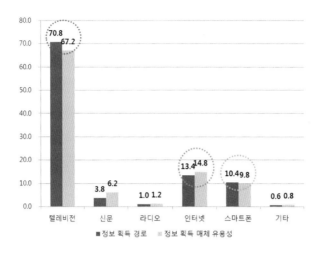

자연재해 관련 정보획득 경로·정보획득 미디어 유용성(단위: %)

이러한 순위와 경향성은 정보획득 미디어의 유용성에 대한 평가에서도 유사하게 나타났는데, 텔레비전(67.2%), 인터넷(14.8%), 스마트폰(9.8%) 순으로 나타났다. 스마트기기의 보급률이 확대됨에 따라서 스마트폰에 의한 정보획득이나 미디어 유용성이 텔레비전과 인터넷에 이어 3위를 차지한 점은 특징적이라 하겠다. 또한 신문의 경우 정보획득 미디어의 유용성 측면에서는 6.2%로 정보획득 경로 3.8%에 비해 비교적 높게 나타났다.

성별에 따라 자연재해 위험 관련 정보획득 미디어에 차이가 있는지를 분석한 결과, 여성의 경우 텔레비전을 통한 정보획득이 75.7%로 65.9%인 남성과 비교하여 훨씬 더 높은 것으로 나타났다. 한편 남성의 15.3%가 인터넷을 통해 자연재해 정보를 획득하는 반면, 여성은 11.6%로 나타나 차이를 보였다. 요약하자면 여성과 남성 모두 텔레비전, 인터넷, 스마트폰을 통한 정보획득이 많지만 여성은 남성에 비해 텔레비전 경로를 통한 정보획득이 많고, 남성은 여성에 비해 인터넷에 따른 정보획득이 많은 것을 알 수 있다.

성별에 따른 자연재해 관련 정보획득 경로

연령에 따라 자연재해 위험 관련 정보획득 미디어에 차이가 있는지를 분석한 결과, 모든 연령에 걸쳐 '텔레비전'이 가장 높은 비중을 차지하였다. 그중에서도 40대, 50대, 60대 이상의 연령층에서는 텔레비전의 이용이 절대적인 비중을 차지했다. 이에 비해, 20대와 30대는 인터넷, 스마트폰과 같은 뉴미디어의 이용 비중이 다소 높았다.

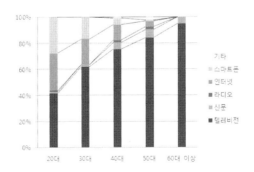

연령에 따른 자연재해 관련 정보획득 경로

성별에 따라 자연재해 관련 미디어의 정보 유용성 측면에서 차이가 있는지를 살펴본 결과, 여성은 텔레비전의 유용성이 74.1%를 차지한 반면, 남성의 경우 60.2%로 나타났다. 신문에 대한 유용성 또한 남성은 9.6%에 반해 여성은 2.8%에 그쳤다. 인터넷 또한 남성은 16.5%, 여성의 경우 13.1%에 그쳤고, 스마트폰은 남성 10.8%, 여성은 8.8%로 나타났다.

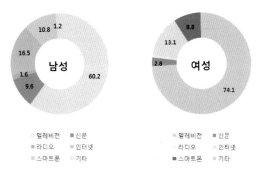

성별에 따른 자연재해 관련 미디어 유용성

연령에 따라 자연재해 관련 미디어의 정보 유용성 측면에서 차이가 있는지를 살펴본 결과, 전 연령에 걸쳐 '텔레비전'이 가장 높은 비중을 차지하였다. 연령이 높아질수록 텔레비전의 유용성이 커지는 것으로 나타났다. 이에 비해, 20대와 30대는 인터넷, 스마트폰과 같은 뉴미디어의 유용성이 상대적으로 높게 나타났다.

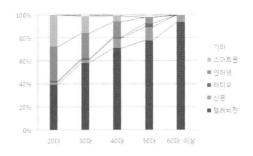

연령에 따른 자연재해 관련 미디어 유용성

2) 위험인식 특성

자연재해에 대한 위험인식을 나, 그들, 사회의 세 가지 차원에서
살펴보았다. 먼저 자연재해 위험에 대해 '중요한 문제인가?'라는 질
문을 5점 척도로 측정하였을 때, 사회(3.87), 그들(3.86), 나(3.81) 순
으로 나타났다. 자연재해 위험에 대해서 나보다는 다른 사람, 그리
고 그들보다는 사회에 보다 중요한 문제라고 인식하는 경향이 있음
을 확인할 수 있다. 두 번째로 '자연재해의 피해를 받을까 봐 걱정된
다'라는 질문에서는 그들(3.87), 나(3.8), 사회(3.79) 순으로 나타났
다. 나보다는 다른 사람이 더 피해를 받을까 걱정되지만 사회보다는
내가 피해를 받을까 더 걱정하고 있음이다. 하지만 실제로 '자연재
해의 피해를 받을 것 같음'이라는 질문에서는 사회(3.77), 그들
(3.75), 나(3.66) 순으로 나타났다. 실제 피해는 나보다는 사회에 그
리고 다른 사람들이 피해를 받을 것 같다고 인식하는 것을 알 수 있
다. '느끼는 위험 정도가 크다'라는 측면에서는 조금 더 많은 차이가
있는데, 그들(3.73), 사회(3.71), 나(3.5) 순으로 측정되었다. 자연재

해에 대한 위험 정도는 다른 사람들이나 사회가 더 크게 느낄 것이라고 생각하지만 나는 그보다는 더 적게 위험을 느낀다는 것이다.

이러한 항목들을 전체적으로 살펴보았을 때, 사람들은 일반적으로 자연재해 위험에 대해서 나보다는 다른 사람들에게 더 일어날 가능성이 높다고 인식하는 경향을 파악할 수 있다.

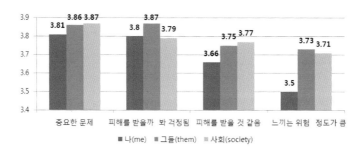

자연재해에 대한 위험인식(단위: 점)

위험인식의 차이를 성별로 살펴보면, 남성의 위험인식의 정도가 여성에 비해 낮은 것을 알 수 있다. 이러한 차이는 특히 나에게 평가할 때 더 두드러진 차이를 보이는데, '느끼는 위험 정도가 큼'이란 항목에서 여성은 3.57점인 반면, 남성은 3.44점에 그쳤다. 또한 '중요한 문제'라는 항목에서 여성은 3.93점인 반면, 남성은 3.69점으로 그 차이가 비교적 컸다. 하지만 그들과 사회라는 차원에서 성별의 차이는 나라는 차원에 있어 성별 간의 차이보다는 비교적 작게 나타났다.

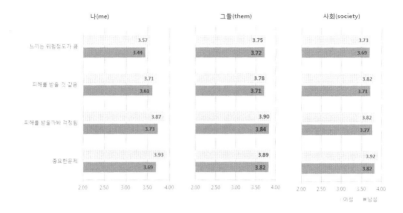

| 나(me) | 그들(them) | 사회(society) |

느끼는 위험정도가 큼
3.57 / 3.44 | 3.75 / 3.72 | 3.73 / 3.69

피해를 받을 것 같음
3.71 / 3.61 | 3.78 / 3.71 | 3.82 / 3.71

피해를 받을까봐 걱정됨
3.87 / 3.73 | 3.90 / 3.84 | 3.82 / 3.77

중요한문제
3.93 / 3.69 | 3.89 / 3.82 | 3.92 / 3.82

여성 ■남성

성별에 따른 자연재해 위험인식

자연재해 위험과 자신과의 관계인식을 확인하기 위한 문항에서 전 연령에서 '보통' 이상으로 나타나 자신과 관련한 자연재해 위험 인식이 높은 것으로 나타났다. 20, 30대의 경우 자연재해를 자신에 게 중요한 문제로 생각하며 피해를 받을 것 같아 걱정하는 인식이 높은 것으로 이해된다. 반면, 30대의 경우 자신이 피해를 받을까 봐 걱정하는 수준이 상대적으로 높으며 더불어 자연재해를 나에게 중 요한 문제로 인식하면서 실제 피해를 받을 것 같은 피해의식을 갖고 있는 것으로 분석된다. 50대의 경우 다른 어떤 연령대보다 자연재해 를 자신에게 중요한 문제로 생각하며 피해를 받을까 봐 걱정하는 것 으로 나타났다. 60대 이상의 경우 자연재해를 자신에게 중요한 문제 로 생각하면서 동시에 자신이 피해를 받을까 봐 상당히 걱정하는 것 으로 분석된다.

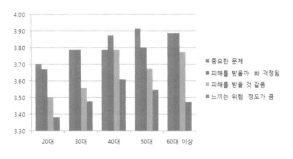

연령에 따른 자연재해 위험인식(나)

　자연재해 위험과 '그들' 간 관계인식을 확인하기 위한 문항에서 전 연령에서 3.6점 이상으로 나타나 다른 사람들과 관련한 자연재해 위험인식이 높은 것으로 나타났다. 20, 40대의 경우 자연재해가 다른 사람들에게 피해를 끼칠 것 같아 걱정하는 인식이 높은 것으로 이해된다. 반면, 30, 50, 60대의 경우 자연재해를 그들에게 중요한 문제로 인식하면서 실제 피해를 받을까 봐 상당히 걱정하는 것으로 분석된다. 50대의 경우 다른 어떤 연령대보다 자연재해를 다른 사람들에게 중요한 문제로 생각하며 피해를 받을까 봐 걱정하는 것으로 나타났다.

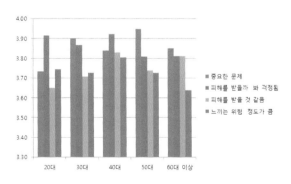

연령에 따른 자연재해 위험인식(그들)

자연재해 위험과 '사회' 간 관계인식을 확인하기 위한 문항에서 전 연령에서 3.6점 이상으로 나타나 사회와 관련한 자연재해 위험인식이 높은 것으로 나타났다. 모든 연령에서 자연재해가 우리 사회에 중요한 문제인 것으로 인식하고 있었다. 또한 우리 사회가 자연재해의 피해를 받을까 봐 걱정되고 느끼는 위험 정도 역시 적지 않은 것으로 나타났다.

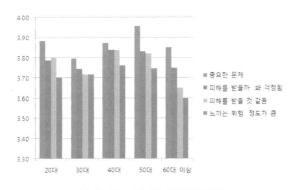

연령에 따른 자연재해 위험인식(사회)

3) 미디어 보도에 대한 태도

미디어가 위험사안을 어떻게 다루고 있으며, 이러한 미디어의 위험보도에 대해서 수용자가 어떠한 태도를 갖고 있느냐는 위험인식에서 핵심적인 부분이다.

이에 자연재해 관련 미디어의 위험보도에 대해 어떻게 인식하는지를 살펴본 결과, '화가 나지만 내가 할 수 있는 일은 너무 없음(3.41)', '슬며시 짜증남(3.17)', '정말 화가 남(3.10)' 순으로 나타났다. 미디어의 자연재해 보도에 대해서 대부분 불만족스러운 태도를 가지고 있지만, 어쩔 수 없는 상황으로 인식하는 것으로 나타났다.

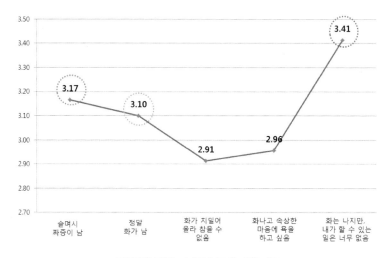

자연재해 관련 미디어 보도에 대한 태도

미디어의 위험보도에 대한 태도는 남녀 간 유사한 태도 유형을 보이고 있다. 다만 여성이 남성에 비해 좀 더 부정적인 태도를 가진 것으로 나타났다.

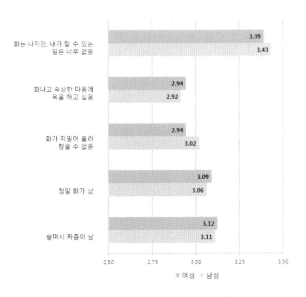

성별에 따른 자연재해 관련 미디어 보도에 대한 태도

자연재해와 관련된 미디어 보도를 본 후의 태도를 확인하기 위한 문항에서는 모든 연령에서 짜증이 나거나, 화가 나는 감정이 나타난다고 응답하였다. 그러나 화가 나거나 짜증나는 감정에 비해서 응답자가 실제로 할 수 있는 일이 없음을 자각하는 인식이 높게 나타났다.

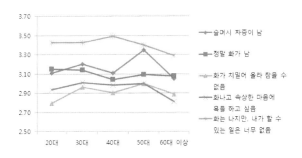

연령에 따른 자연재해 관련 미디어 보도에 대한 태도

4) 제도적 신뢰성

위험에 대한 예방 및 관리는 개인 차원보다는 제도적 차원의 대안을 마련하는 것이 중요하다. 이에 제도적 신뢰성이 중요한 변인으로 부상하는데, 제도적 신뢰성을 살펴보면, 자연재해 관련 효과적 관리를 위해 숙련된 사람과 시스템이 필요함을 높게 인식(3.42)하는 것으로 나타났다. '정확한 정보를 제공하고 있음(3.28)', '잘 대처함(3.25)' 등의 질문에서 상대적으로 낮게 평가되었다.

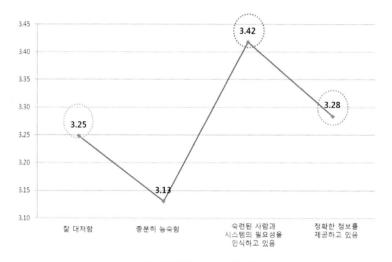

자연재해 관련 제도적 신뢰성

성별 간 차이를 분석한 결과, 모든 문항에서 남성이 여성에 비해 정부에 대한 태도가 우호적인 것을 알 수 있다.

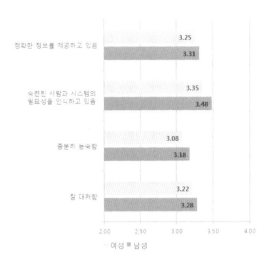

정확한 정보를 제공하고 있음 3.25 3.31

숙련된 사람과 시스템의
필요성을 인식하고 있음 3.35 3.48

충분히 능숙함 3.08 3.18

잘 대처함 3.22 3.28

여성 ■ 남성

성별에 따른 자연재해 관련 제도적 신뢰성

정부의 자연재해에 대한 대처는 모든 연령에서 잘 대처하고 있다
고 인식하는 것으로 나타났다. 다만 60대 이상의 연령에서는 다른
연령에 비해 정부의 대처에 대한 신뢰가 다소 낮게 나타나고 있다.

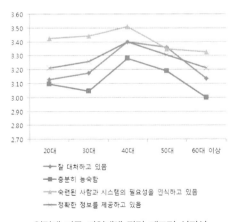

연령에 따른 자연재해 관련 제도적 신뢰성

2. 원자력 발전/기술 위험

1) 정보획득 경로 · 정보획득 미디어 유용성

원자력 발전/기술 위험 관련 정보획득 경로는 텔레비전(69.0%), 인터넷(14.4%), 신문(8.8%), 스마트폰(7.0%), 라디오(0.6%), 정부기관(0.2%) 순으로 나타났다. 5대 위험 중 나머지 위험 사안들과는 조금 다른 양상을 보였다. 다른 네 위험은 텔레비전, 인터넷에 이어 스마트폰이 주요 정보획득 경로로 나타났는데, 원자력의 경우 신문이 스마트폰보다 높게 나타난 것이 특징이다.

정보획득 미디어 유용성 또한 정보획득 경로와 마찬가지로 텔레비전(67.0%), 인터넷(16.4%), 신문(9.4%)이 높게 평가되었다. 텔레비전과 스마트폰의 경우 정보획득 경로가 정보획득 미디어 유용성에 비해 높게 나타났고, 신문, 라디오, 인터넷, 정부기관의 경우 정보획득 미디어 유용성이 정보획득 경로보다 더 높게 나타난 것이 특징이다.

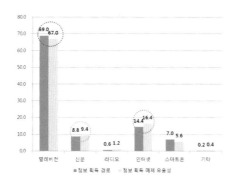

원자력 발전/기술 위험 관련 정보획득
경로 · 정보획득 미디어 유용성(단위: %)

성별에 따라 원자력 발전/기술 위험의 정보획득 미디어에 차이가
있는지를 분석한 결과, 여성은 75.7%로 텔레비전을 통한 정보획득
이 압도적으로 높았고, 인터넷 10.8%, 스마트폰 7.2%, 신문 6.4%
순으로 나타났다. 라디오와 정부기관을 통한 정보획득은 0%로 나타
났다. 반면, 남성들은 텔레비전 62.2%, 인터넷 18.1%, 신문 11.2%,
스마트폰 6.8%, 라디오 1.2%, 정부기관 0.4%로 다양한 경로를 통해
정보를 획득하는 것으로 나타났다.

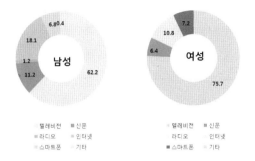

성별에 따른 원자력 발전/기술 위험 관련 정보획득 경로

연령에 따라 원자력 발전/기술 위험 관련 정보획득 미디어에 차이
가 있는지를 분석한 결과, 모든 연령에 걸쳐 '텔레비전'이 가장 높은
비중을 차지하였다. 다만 20대와 30대의 경우에는 인터넷과 스마트
폰과 같은 뉴미디어의 이용이 소폭 증가하였으나, 40대 이상의 중장
년층의 경우에는 텔레비전과 신문 등의 올드미디어가 절대적인 비
중을 차지하고 있었다.

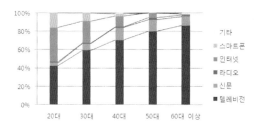

연령에 따른 원자력 발전/기술 위험 관련 정보획득 경로

성별에 따라 원자력 발전/기술 위험 관련 미디어의 정보 유용성 측면에서 차이가 있는지를 살펴본 결과, 남성의 경우 텔레비전 59.0%, 인터넷 19.7%, 신문 12.4%, 스마트폰 6.4%, 라디오 1.6%, 정부기관 0.8%로 평가하고 있는 것으로 나타났다. 반면, 여성은 74.9%가 정보획득이 유용한 미디어로 텔레비전을 선택하였고, 인터넷은 13.1%, 신문이 6.4% 등으로 나타났다. 여성은 남성에 비해 원자력 정보에 대한 신문의 유용성을 낮게 인식하고 있는 것이 특징이라 할 수 있다.

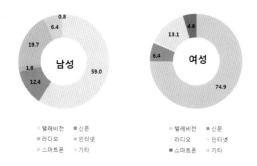

성별에 따른 원자력 발전/기술 위험 관련 정보획득 미디어 유용성

연령에 따라 원자력 발전/기술 위험 관련 미디어의 정보 유용성 측면에서 차이가 있는지를 살펴본 결과, 전 연령에 걸쳐 '텔레비전'이 가장 높은 비중을 차지하였다. 연령이 높아질수록 텔레비전의 유용성이 커지는 것으로 나타났다. 이에 비해, 20대와 30대는 인터넷, 스마트폰과 같은 뉴미디어의 유용성이 상대적으로 높게 나타났다. 40대 이상의 중장년층의 경우에는 텔레비전과 신문 등의 올드미디어가 절대적인 비중을 차지하고 있었다.

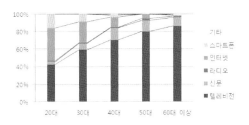

연령에 따른 원자력 발전/기술 위험 관련 정보획득
미디어 유용성

2) 위험성 인식 수준

원자력 발전/기술 위험 관련 위험성에 대한 인식을 살펴보면 '초래 결과는 다시 돌이키기 어려움'이 4.1점으로 가장 높게 나타났고, '다음 세대까지 영향을 미칠 것임'이 3.98점, '사람과 자연 등에 매우 치명적일 것임'이 3.96점으로 나타났다. 원자력 위험성에 대해서는 돌이키기 어렵고, 치명적이며, 그 위험이 다음 세대로 이어진다는 측면을 높게 평가하고 있는 반면, 개인의 통제 가능성에 대해서는 매우 낮게 평가하고 있는 것으로 나타났다. 또한 '전문가는 잘 알지 못함(3.05점)'이라는 항목이 '일반인은 알지 못함(3.62점)'이라는 항목에 비해 낮게 나타났는데, 이는 원자력 관련 문제는 일반인보다는 전문가들이 더 잘 알고 있을 것이라는 일반적 의식이 반영된 것으로 유추된다. 또한 '최근의 이슈임(3.74)'이라는 항목은 다른 항목들과 비교하였을 때 비교적 낮게 나타났다. 이는 원자력의 위험의 정도는 매우 높게 인식하고 있지만 이슈의 시의성 측면에서는 비교적 낮게 인식하고 있다는 것을 알 수 있다.

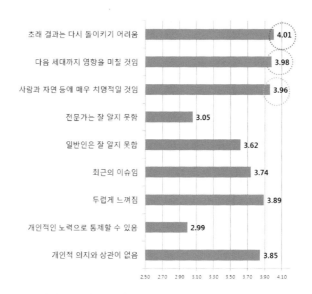

원자력 발전/기술 위험 관련 위험성 인식 수준(단위: 점)

원자력 효용성과 위험인식 수용 여부는 성별에 따른 차이가 거의 없는 것으로 나타났다. 가장 눈에 띄는 차이는 '전문가는 잘 알지 못함'이라는 항목에 여성은 3.14점, 남성은 2.97점으로 나타났으며, '개인적인 노력으로 통제할 수 있음'은 여성이 2.93점, 남성은 3.06점으로 나타났다. 즉, 여성은 남성보다 전문가에 대한 신뢰가 낮음을 유추할 수 있고, 개인의 통제 가능성에 대해서는 남성이 여성보다 더 도전적인 시각으로 접근하고 있음을 알 수 있다.

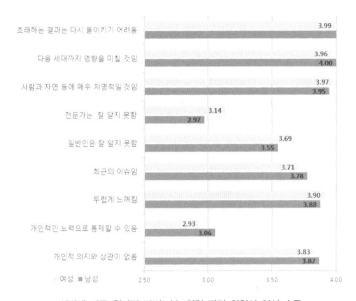

성별에 따른 원자력 발전/기술 위험 관련 위험성 인식 수준

원자력 발전/기술에 대한 위험성을 인식하는 문항에서 전 연령에 걸쳐 원자력에 대한 정보가 부족한 것으로 인식하고 있었다. 일반인은 잘 알지 못한다는 것과 함께 원자력에 대한 위험성을 크게 느끼고 있음이 나타났다. 이것은 '개인적인 노력으로 통제할 수 있음'의 응답이 3점 미만으로 나타났는데, 이는 원자력에 대한 지식의 부족과 함께 원자력을 일반인과는 동떨어진 사안으로 인식하는 것으로 보인다.

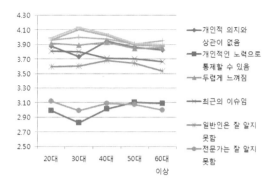

연령에 따른 원자력 발전/기술 위험 관련 위험성 인식 수준

3) 원자력 발전/기술에 대한 태도

원자력 발전/기술에 대한 태도를 측정한 결과, 명예성(3.32점)이
가장 높았고, 사회적 수용성(3.27점), 경제적 수용성(3.25점), 도덕성
(3.22점), 낙인성(2.71점) 순으로 나타났다. 원자력 기술을 보유한 것
에 대해서 명예성을 높게 평가하지만 도덕성이나 낙인성 측면에서
는 비교적 낮은 태도를 보이는 것으로 나타났다.

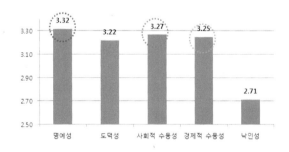

원자력 발전/기술에 대한 태도(단위: 점)

원자력 발전/기술에 대한 남녀의 태도는 거의 유사한 패턴으로 나타났으며, 대부분의 항목에서 근소한 차이로 여성이 남성보다 더 긍정적인 태도를 보이고 있다.

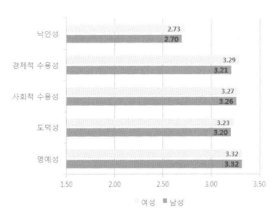

성별에 따른 원자력 발전/기술에 대한 태도

4) 위험인식 특성

원자력 발전/기술 위험에 대한 위험인식을 나, 그들, 사회의 세 가지 차원에서 살펴보았다. 먼저 사람들은 원자력 기술을 '사회(3.84점)에 가장 중요하다'고 인식하는 것으로 나타났다. 나(3.41점)가 가장 낮고, 그들(3.69점), 즉 다른 사람에게 더 중요하다고 인식하는 것을 알 수 있다. '피해를 받을까 봐 걱정된다'라는 차원에서는 세 차원에서 비슷한 결과를 보였는데, 여전히 사회(3.79점)가 가장 높고, 그들(3.76점), 나(3.71점) 순으로 인식하는 결과를 보였다. 반면, '피해를 받을 것 같음'이라는 항목에서는 조금 다른 양상을 보였는데, 내가 아니 다른 사람, 그들(3.65점)이 가장 높았고, 사회(3.62점), 나(3.55점)로 나타났다. 느끼는 위험 정도 항목에서는 사회(3.65점), 그들(3.63점), 나(3.52점)로 측정되었다.

결과적으로 원자력 발전/기술에 대해서 사람들은 나보다는 사회나 타인들에게 더 중요한 문제라고 인식하고 있으며, 그 위험에 대한 피해도 다른 사람이나 사회에 더 영향을 줄 것이라고 생각하는 경향을 보였다.

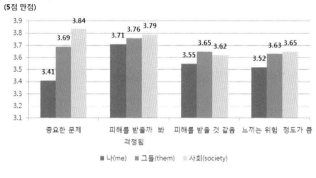

원자력 발전/기술 위험인식

위험인식의 차이를 성별로 살펴보면, 여성과 남성이 매우 유사한 패턴을 보이고 있다. 남성의 경우 전체적으로 여성에 비해 원자력 발전/기술의 위험인식이 낮은 것을 알 수 있으며, 성별에 관계없이 나보다는 그들, 그리고 사회가 더 위험할 것이라고 인식하는 경향성을 보이고 있다.

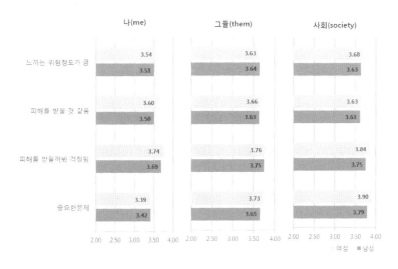

성별에 따른 원자력 발전/기술 위험인식

　　원자력 발전/기술 위험에 대한 나, 그들, 사회에 대한 관계의 문항에서는 모든 영영에서 3점 이상으로 응답이 나타났다. 이는 원자력 발전/기술에 대한 응답자의 인식이 보통 이상으로 나타나고 있음을 알 수 있는 부분이다. 특히 응답자 자신보다는 외부 사람들과의 관계와 전체 사회에 대한 인식이 다소 높게 나타났음을 확인할 수 있다.

　　원자력 발전/기술 위험과 자신과의 관계인식을 확인하기 위한 문항에서 전 연령에서 피해를 받을까 봐 걱정하는 경향이 강하게 나타났다. 20, 30, 60대의 경우 원자력 발전/기술 위험을 자신에게 중요한 문제로 생각하며 피해를 받을 것 같아 걱정하는 인식이 높은 것으로 나타났다. 반면, 40, 50대의 경우 자신이 피해를 받을까 봐 걱정하는 수준이 상대적으로 높으며 느끼는 위험 정도 역시 상대적으로 높은 것으로 나타났다.

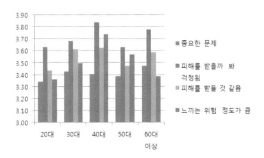

연령에 따른 원자력 발전/기술 위험인식(나)

원자력 발전/기술 위험과 '그들' 간 관계인식을 확인하기 위한 문항에서 전 연령에서 3.5점 이상으로 나타나 다른 사람들과 관련한 원자력 발전/기술 위험인식이 높은 것으로 나타났다. 대다수 연령층에서 원자력 발전/기술 위험이 다른 사람들에게 피해를 끼칠 것 같아 걱정하는 인식이 높은 것으로 이해된다. 30, 40대의 경우 자신이 아닌 그들이 피해를 받을 것 같아 걱정하며 실제 피해를 받을 것으로 생각하는 경향이 강하게 나타났다. 60대의 경우 느끼는 위험 정도가 상대적으로 약하게 나타났다.

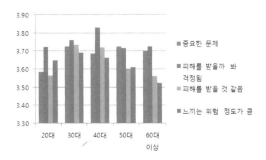

연령에 따른 원자력 발전/기술 위험인식(그들)

원자력 발전/기술 위험과 '사회' 간 관계인식을 확인하기 위한 문항에서 전 연령에서 3.5점 이상으로 나타나 사회와 관련한 원자력 발전/기술 위험인식이 높은 것으로 나타났다. 모든 연령에서 원자력 발전/기술 위험이 우리 사회에 중요한 문제인 것으로 인식하고 있었다. 또한 우리 사회가 원자력 발전/기술 위험의 피해를 받을까 봐 걱정되고 느끼는 위험 정도 역시 적지 않은 것으로 나타났다.

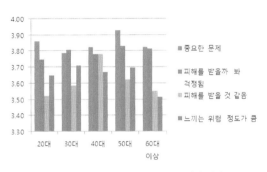

연령에 따른 원자력 발전/기술 위험인식(사회)

5) 제도 및 미디어 신뢰성

원자력 발전/기술 위험 관련 제도 및 미디어의 신뢰성에 대해서는 3점 이상의 신뢰성을 나타내는 것으로 나타났다. 먼저 정부 차원에서 살펴보면 정부 전문가에 대한 신뢰가 3.60점으로 가장 높았고, 정부의 법과 규제에 대한 신뢰도가 3.57점으로 뒤를 이었다. 하지만 정부 전문가들의 관련 정보에 대해서는 전문가들에 대한 신뢰도보다 낮은 3.49점으로 나타났고, 정부의 관련 정보는 3.48점으로 더욱 낮게 나타났다. 사람들이 전문가들과 법과 규제에 대한 신뢰도에 비해 그들이 제공하고 있는 관련 정보에 대해서는 상대적으로 낮은 신뢰도를 보이는 것을 알 수 있다.

언론의 관련 정보에 대한 신뢰도는 3.48점인 반면, 언론이 인용한 전문가들의 관련 정보는 3.56점으로 정보원에 의한 정보전달을 더욱 신뢰하는 것으로 나타났다. 기업의 원자력 관련 정보는 3.44점, 기업이 고용한 전문가들의 관련 정보에 대한 신뢰도는 3.43점으로 상대적으로 낮게 나타났다.

정부 전문가들의 정보에 가장 높은 신뢰도를 보였으며, 다음으로는 정부의 법과 규제, 그리고 언론이 인용한 전문가들에 대한 신뢰도는 상대적으로 높지만 정부, 언론 관련 정보나 특히 기업에서 제공하는 정보에 대해서는 낮은 신뢰도를 보였다.

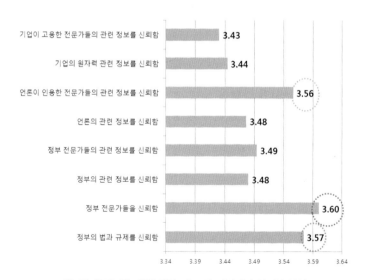

원자력 발전/기술 위험 관련 제도 및 미디어의 신뢰성 인식

원자력 발전/기술 위험에 대한 성별에 따른 제도 및 미디어 신뢰성은 매우 유사한 경향성을 보이고 있다. 다만 여성은 정부, 언론, 기업이 고용한 전문가들에 대해서 남성보다 더 신뢰하는 것으로 나타나고 있으며, 남성의 경우 여성보다 정부의 법과 규제를 더욱 신뢰하는 것을 알 수 있다.

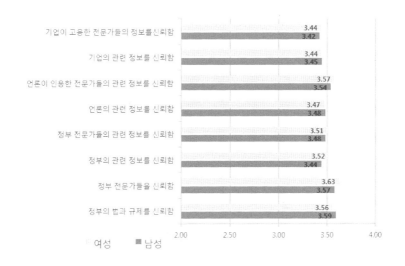

성별에 따른 원자력 발전/기술 위험 관련 제도 및 미디어 신뢰성

원자력 발전/기술 위험에 대한 정부정책에 대한 신뢰는 모든 연령에서 다소 높게 나타났다. 그러나 20대와 60대 이상의 연령층의 경우, 다른 연령에 비해서 언론에서 보도하는 정보의 신뢰가 다소 낮게 나타났다.

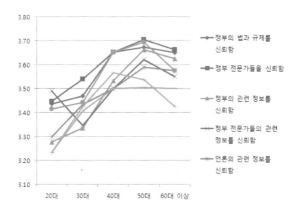

연령에 따른 원자력 발전/기술 위험 관련 제도 및 미디어 신뢰성

6) 원자력의 효용성과 위험인식, 수용 여부

　원자력의 효용성과 위험인식, 수용 여부에 대해 여러 가지 항목으로 측정하였다. 그 결과, 사람과 자연에 치명적임(3.95점), 결과는 돌이킬 수 없음(3.92점) 등 원자력 기술의 위험성을 높게 평가하고 있는 것으로 나타났다. 하지만 경제적으로 효율적인 자원임(3.84점), 경제발전에 도움이 됨(3.75점)이라는 항목 또한 비교적 높게 인식하고 있어 원자력 기술에 대한 위험성과 동시에 경제적 효율성을 고려하고 있음이 드러났다. 하지만 원자력발전소를 더 건설해야 함(3.23점), 더 많이 이용해야 함(3.35) 등은 다른 항목에 비해 낮게 평가되었다는 점 또한 주목할 점이다.

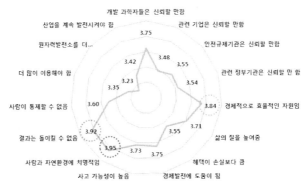

(5점 만점)

원자력 효용성과 위험인식, 수용 여부

원자력의 효용성과 위험인식, 수용 여부의 성별 차이를 살펴보면, 거의 유사한 궤를 그리고 있다. 그중 통제성, 경제성, 안전규제와 안전시설에 대한 신뢰성은 근소하게나마 남성이 더 높게 평가하고 있는 것을 확인할 수 있다.

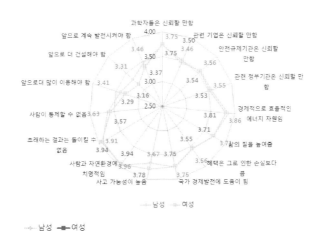

성별에 따른 원자력 효용성과 위험인식, 수용 여부

3. 신·변종 전염병

1) 정보획득 경로·정보획득 미디어 유용성

신·변종 전염병 정보획득 경로를 살펴보면, 텔레비전(70.0%), 인터넷(13.6%), 스마트폰(8.6%), 신문(6.0%), 부모나 가족, 친구, 기타 주변사람들(1.2%), 라디오(0.6%) 순으로 나타났다. 다른 위험 사안들과 마찬가지로 텔레비전이 압도적으로 높은 정보획득 경로로 나타났고, 인터넷, 스마트폰이 비교우위를 점하고 있는 것을 알 수 있다. 또한 신·변종 전염병의 경우 라디오라는 미디어보다 부모나 가족, 친구, 기타 주변 사람들에 의한 구전적인 정보획득이 조금 더 높게 나타난 것도 특징적이라 할 수 있다.

정보획득 미디어의 유용성도 정보획득 경로와 유사한 경향을 보였는데, 텔레비전이 67.2%, 인터넷이 16.0%, 스마트폰이 7.6%로 나타났다. 인터넷은 그 미디어의 속보성이나 접근의 용이성 등으로 인해 획득 경로보다 획득 미디어의 유용성 측면에서 더 높게 평가되고 있는 것을 유추할 수 있다. 신문 또한 정보획득 경로보다는 미디어 유용성이 더 높게 평가되고 있는데, 신문 미디어가 지닌 정보의 깊이나 다양성 측면에서 기인된 인식에서 초래된 결과라고 예측된다.

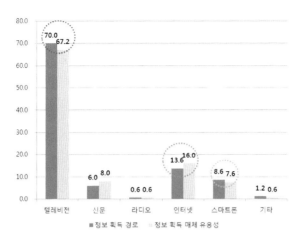

신·변종 전염병 관련 정보획득 경로·정보획득 미디어 유용성

성별에 따라 신·변종 전염병 관련 정보획득 미디어에 차이가 있는지를 분석한 결과, 남성의 경우 텔레비전을 통한 정보획득이 60.2%, 인터넷이 17.3%, 스마트폰이 10.8% 순으로 나타났고, 여성은 텔레비전이 74.1%, 인터넷이 14.7%, 스마트폰이 5.6%, 신문이 5.2% 순으로 나타났다. 텔레비전과 신문에 있어서 성별 간의 정보획득 경로의 차이가 가장 크게 나타난 것을 알 수 있다.

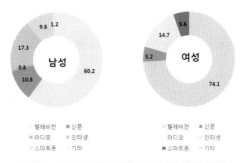

성별에 따른 신·변종 전염병 관련 정보획득 경로

연령에 따라 신·변종 전염병 관련 정보획득 미디어에 차이가 있는지를 분석한 결과, 모든 연령에 걸쳐 '텔레비전'이 가장 높은 비중을 차지하였다. 다만 20대와 30대의 경우에는 인터넷과 스마트폰과 같은 뉴미디어의 이용이 소폭 증가하였으나, 40대 이상의 중장년층의 경우에는 텔레비전과 신문 등의 올드미디어가 큰 비중을 차지하고 있었다.

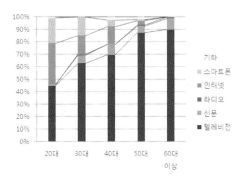

연령에 따른 신·변종 전염병 관련 정보획득 경로

　성별에 따라 신·변종 전염병 관련 미디어의 정보 유용성 측면에서 차이가 있는지를 살펴본 결과, 여성의 경우 텔레비전이 76.9%로 매우 높게 나타났고, 인터넷이 12.0%, 스마트폰이 7.2%, 신문이 2.8% 순으로 나타났다. 반면, 남성은 같은 추이를 보이지만 그 각 미디어의 분포가 다양하다. 텔레비전은 63.1%, 인터넷은 15.3%, 인터넷이 10.0%, 신문이 9.2%를 차지했다.

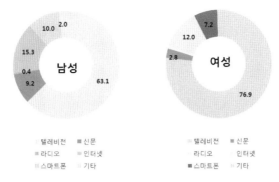

성별에 따른 신·변종 전염병 관련 정보획득 미디어 유용성

연령에 따라 신·변종 전염병 관련 미디어의 정보 유용성 측면에서 차이가 있는지를 살펴본 결과, 전 연령에 걸쳐 '텔레비전'이 가장 높은 비중을 차지하였다. 연령이 높아질수록 텔레비전의 유용성이 커지는 것으로 나타났다. 이에 비해, 20대와 30대는 인터넷, 스마트폰과 같은 뉴미디어의 유용성이 상대적으로 높게 나타났으며, 40대 이상의 중장년층의 경우에는 텔레비전과 신문 등의 올드미디어가 큰 비중을 차지하고 있었다.

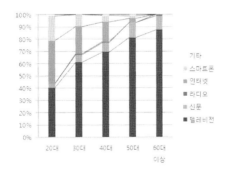

연령에 따른 신·변종 전염병 관련 정보획득
미디어 유용성

2) 위험인식 특성

　신·변종 전염병에 대한 위험인식을 나, 그들, 사회의 세 가지 차원에서 살펴보았다. 먼저 '신·변종 전염병 위험이 중요한 문제인가'라는 항목에서 사회가 3.79점으로 가장 높게 나타났고, 그들이 3.78점, 나가 3.69점으로 나타났다. 신·변종 전염병 역시 나보다는 사회에 그리고 남들에게 더 중요하다고 인식하는 경향이 있다. '신·변종 전염병 위험으로부터 피해를 받을까 걱정된다'라는 항목에서는 사회 3.71점, 나 3.69점, 그들 3.66점으로 측정되었다. 반면, '신·변종 전염병 위험에 피해를 받을 것 같다'라는 항목에서는 사회가 3.63점으로 나타났고, 나와 그들이 3.65점으로 비교적 높게 나타났다. 이 결과는 전염병의 피해로부터 사람들이 사회나 내가 피해를 받을까봐 걱정되지만 실제 피해는 사회보다는 나 또는 그들에게 영향을 미칠 것이라고 인식하는 것을 보여준다. 마지막으로 '신·변종 전염병에 대해 느끼는 위험 정도가 큼'이라는 항목에는 사회는 3.68점, 그들은 3.61점, 나는 3.59점 순으로 나보다는 제3자, 제3자보다는 사회가 느끼는 위험 정도가 큰 것으로 인식하는 것을 알 수 있다.

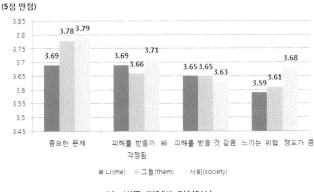

(5점 만점)

신・변종 전염병 위험인식

신・변종 전염병에 대한 위험인식에 있어서 남녀 간의 차이를 살펴보면, 여성들은 다른 사람들보다 자신이 더 위험하다고 느끼고 있는 반면, 남성의 경우 나보다는 다른 사람이 더 위험하다고 인식하는 경향이 있어 차이를 보이고 있다.

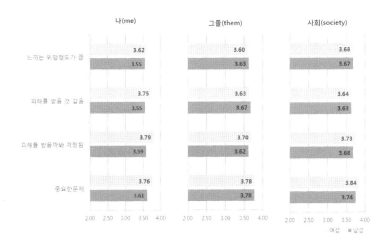

성별에 따른 신・변종 전염병 위험인식

신·변종 전염병 위험과 자신과의 관계인식을 확인하기 위한 문항에서 전 연령에서 중요한 문제로 인식하면서 피해를 받을까 봐 걱정하는 경향이 강하게 나타났다. 특히 40대 이상 장년층이 젊은 층보다 자신에게 중요한 문제로 인식하는 것으로 나타났고, 20, 30대의 청년층은 자신이 피해를 받을까 봐 걱정하는 경향이 강하게 나타났다. 20대의 경우 느끼는 위험 정도가 낮게 나타나 특정적이다.

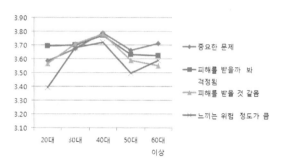

연령에 따른 신·변종 전염병 위험인식(나)

신·변종 전염병 위험과 '그들' 간 관계인식을 확인하기 위한 문항에서 전 연령에서 3.5점 이상으로 나타나 다른 사람들과 관련한 신·변종 전염병 위험인식이 높은 것으로 나타났다. 모든 연령층에서 신·변종 전염병 위험을 자신보다는 다른 사람들에게 중요한 문제로 생각하는 경향이 강하게 나타났다. 20대의 경우 다른 사람들이 피해를 받을까 봐 걱정하는 인식이 상대적으로 약하게 노출되었으며, 50, 60대의 경우 다른 사람들이 느끼는 위험 정도가 크지 않을 것으로 생각하는 경향이 드러났다.

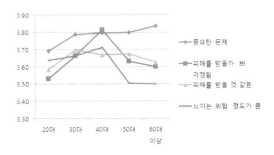

연령에 따른 신·변종 전염병 위험인식(그들)

　신·변종 전염병 위험과 '사회' 간 관계인식을 확인하기 위한 문항에서 전 연령에서 3.5점 이상으로 나타나 사회와 관련한 신·변종 전염병 위험인식이 높은 것으로 나타났다. 모든 연령에서 신·변종 전염병 위험이 우리 사회에 중요한 문제인 것으로 인식하고 있었다. 또한 우리 사회가 신·변종 전염병 위험의 피해를 받을까 봐 걱정되고 느끼는 위험 정도 역시 적지 않은 것으로 나타났다.

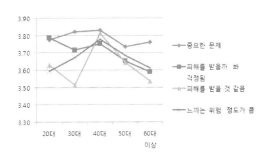

연령에 따른 신·변종 전염병 위험인식(사회)

3) 위험심각성 및 발생가능성 인식

심각성

신·변종 전염병의 심각성에 대한 태도를 측정한 결과, 모두 3.70점 이상으로 높게 평가하는 것으로 나타났다. 먼저 사람을 죽일 수 있는 심각한 질병임(3.83점), 가장 심각한 질병 중의 하나임(3.81점), 걸리면 그/그녀는 죽을 가능성이 높음(3.72점), 어떤 질병보다 치명적임(3.70점) 순으로 측정되었다. 신·변종 전염병이 사람을 죽일 수도 있는 질병 중의 하나로 인식하지만 다른 질병들보다 치명적이라는 측면에서는 상대적으로 낮게 인식했다.

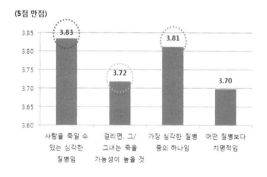

신·변종 전염병의 심각성 인식

성별 차이를 살펴본 결과, 남녀 모두 '어떤 질병보다 치명적'이라는 측면에서는 동일한 인식 정도를 보였다. 하지만 '가장 심각한 질병 중의 하나임'과 '걸리면 죽을 가능성이 높을 것', '사람을 죽일 수 있는 심각한 질병'이라는 항목 모두 여성이 더 심각한 태도를 보이는 것으로 나타났다.

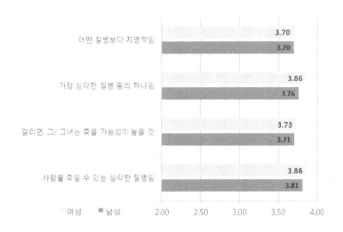

성별에 따른 신·변종 전염병의 심각성 인식

연령별 차이를 분석한 결과, 20, 30대는 신·변종 전염병을 '사람을 죽일 수 있는 심각한 질병'으로 인식하는 경향이 강하게 나타났다. 40, 50, 60대의 경우에는 '가장 심각한 질병 중의 하나'로 생각하는 인식이 상대적으로 강하게 노출되었다. 특히 죽음에 이를 정도의 심각성 인식이 연령이 낮을수록 보다 심각하게 나타남을 보여주었다.

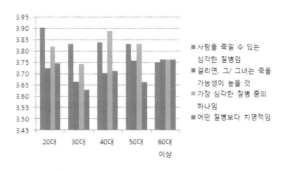

연령에 따른 신·변종 전염병의 심각성 인식

발생가능성

신·변종 전염병의 발생가능성을 6개월, 1년, 2년, 5년, 10년의 다섯 가지 항목으로 측정했을 때, 10년 이내에 발생할 것이라는 점이 3.52점으로 가장 높았고, 5년 이내 3.24점, 2년 이내 2.97점, 1년 이내 2.82점, 6개월 이내가 2.80점으로 나타났다. 신·변종 전염병이 빠른 시일 내에 나타난다는 인식보다 더 먼 시점에서 발생할 것이라는 인식이 높은 것을 알 수 있다.

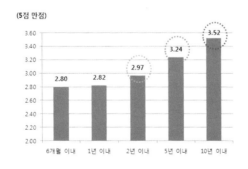

신·변종 전염병의 발생가능성 인식

성별 차이를 살펴보면 남녀 모두 시간적으로 더 먼 미래에 발생할 것이라는 인식이 가장 높게 나타났다. 또한 여성이 남성보다는 대체적으로 발생가능성을 높게 평가하고 있는 것을 알 수 있다.

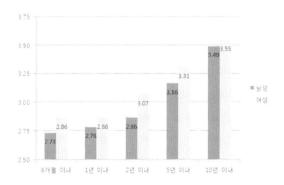

성별에 따른 신·변종 전염병 발생가능성 인식

연령별 차이를 분석한 결과, 모든 연령에서 10년 이내에 일어날 것이라는 인식이 가장 높게 나타나는 경향을 보였다.

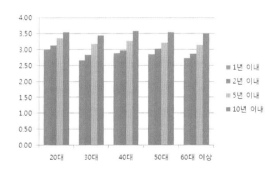

연령에 따른 신·변종 전염병 발생가능성 인식

4) 제도 및 미디어 신뢰성

신·변종 전염병 관련 제도 및 미디어 신뢰성 측정결과, 대체적으로 3.6점 수준의 고른 분포를 보였다. 그중 가장 높은 신뢰는 정부 전문가들에 대한 신뢰(3.67점)였으며, 정부의 법과 규제에 대한 신뢰는 3.60점으로 가장 낮게 평가되었다. 또한 언론의 신뢰성 차원에서는 언론이 인용한 전문가들의 정보에 대한 신뢰가 3.64점, 언론의 관련 정보는 3.62점으로 나타났다. 기업 차원에서도 마찬가지로 기업이 고용한 전문가들에 대한 신뢰도는 3.64인 반면, 기업의 관련 정보에 대한 신뢰도는 3.62로 나타났다.

따라서 신·변종 전염병에 대한 신뢰도는 정부나 언론, 기업에서 직접적으로 제공하는 정보에 대한 신뢰도보다 각 기관에서 고용한 전문가들이 제공하는 정보를 더 신뢰하고 있음을 알 수 있다.

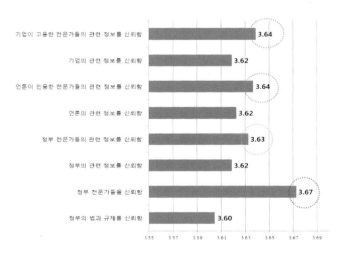

신·변종 전염병 관련 제도 및 미디어 신뢰성

성별에 따른 차이를 살펴보면, 남성은 정부 전문가, 정부의 법과 규제, 정부의 관련 정보 등 정부 및 기관에 대한 신뢰가 높게 나타난 반면, 여성은 정부 전문가, 기업 관련 정보, 언론 관련 정보 등을 높게 신뢰하는 것으로 나타났다.

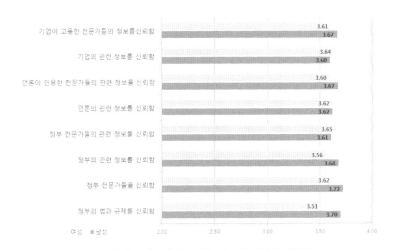

성별에 따른 신·변종 전염병 제도 및 미디어 신뢰성

5) 위험예방에 대한 태도

신·변종 전염병의 예방에 대한 태도를 살펴보면, 예방백신을 맞을 자신이 있음(3.83점)이 가장 높고, 백신을 맞는 것은 어렵지 않음(3.69점), 예방백신 접종으로 그 위험을 예방할 수 있음(3.50점), 예방할 수 있는가의 여부는 나에게 달려 있음(3.02점) 순으로 나타났다. 신·변종 전염병에 대한 예방백신에 대한 거부감은 높지 않은 반면, 예방의 여부에 대한 확신은 낮은 것을 알 수 있다.

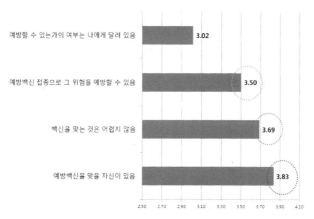

신·변종 전염병 위험예방에 대한 태도

성별에 따른 차이를 살펴보면, '예방백신을 수용하자고자 하는 태도'에서는 남성과 여성 모두 비교적 높게 나타난 반면, '예방할 수 있는가의 여부는 나에게 달려 있음'이라는 태도는 여성이 3.06점, 남성은 2.97점으로 여성이 남성에 비해 비교적 높게 나타났다.

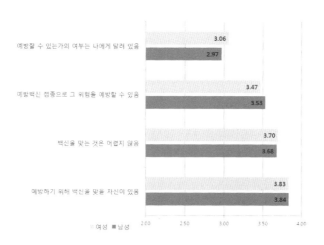

성별에 따른 신·변종 전염병 위험예방에 대한 태도

6) 미디어 보도에 대한 태도

신·변종 전염병 관련 미디어 보도에 대한 태도는 2.93~3.41점까지 비교적 다양하게 나타났다. 가장 높게 나타난 것은 '화는 나지만 내가 할 수 있는 일은 너무 없음(3.41점)'이라는 태도였고, '슬며시 짜증이 남(3.12점)', '정말 화가 남(3.08점)' 순으로 나타났다. 미디어 보도에 대해서 불만을 가지고 있지만, 스스로 할 수 있는 일이 없다는 인식이 팽배한 것으로 해석된다.

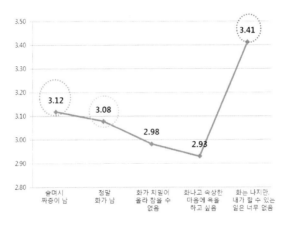

신·변종 전염병 관련 미디어 보도에 대한 태도

성별에 따른 차이를 살펴보면, 남녀 모두 '화는 나지만, 내가 할 수 있는 일은 너무 없음'을 가장 높게 인식하고 있는데, 여성이 남성에 비해 미디어 보도에 대한 태도가 더 부정적임을 알 수 있다.

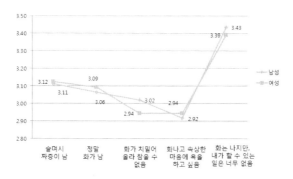

성별에 따른 신·변종 전염병 관련 미디어 보도에 대한 태도

4. 환경오염 사고

1) 정보획득 경로·정보획득 미디어 유용성

환경오염 사고 관련 정보획득 경로는 텔레비전이 71.0%로 가장 높게 나타났다. 다음으로 인터넷 13.2%, 스마트폰 8.6%, 신문 5.6%, 라디오 1%, 부모나 가족, 친구, 기타 주변 사람들 0.6% 순으로 나타났다.

정보획득 미디어 유용성에서도 텔레비전이 68.8%, 인터넷 15%, 스마트폰 7.4%, 신문 7.8%, 라디오 0.6%, 부모나 가족, 친구, 기타 주변 사람들 0.4%로 측정되었다.

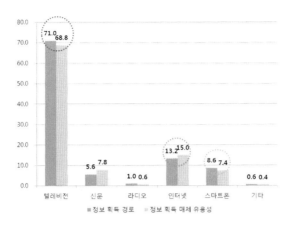

환경오염 사고 관련 정보획득 경로·정보획득 미디어 유용성

　　성별에 따라 환경오염 사고 관련 정보획득 미디어에 차이가 있는
지를 분석한 결과, 남성의 경우 텔레비전이 62.2%인데 반해 여성은
79.7%로 훨씬 더 높은 비율을 차지하고 있다. 반면, 인터넷의 경우
남성은 16.9%, 여성은 9.6%로 남성이 여성에 비해 인터넷을 통한 환
경오염 사고에 대한 정보획득이 높은 것을 확인할 수 있다. 또한 남
성은 신문을 통한 정보획득이 8.4%를 차지한 반면, 여성은 2.8%에
그쳐 신문 미디어를 통한 정보획득이 여성에서 매우 낮게 나타났다.

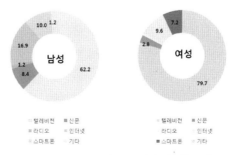

성별에 따른 환경오염 사고 관련 정보획득 경로

연령에 따라 환경오염 사고 관련 정보획득 미디어에 차이가 있는
지를 분석한 결과, 모든 연령에 걸쳐 '텔레비전'이 가장 높은 비중을
차지하였다. 다만 20대와 30대의 경우에는 인터넷과 스마트폰과 같
은 뉴미디어의 이용이 소폭 증가하였으나, 40대 이상의 중장년층의
경우에는 텔레비전과 신문 등의 올드미디어가 큰 비중을 차지하고
있었다.

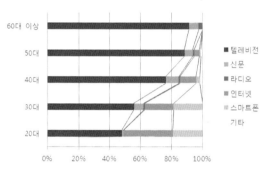

연령에 따른 환경오염 사고 관련 정보획득 경로

성별에 따라 환경오염 사고 관련 미디어의 정보 유용성 측면에서
차이가 있는지를 살펴본 결과, 여성은 텔레비전이 76.9%, 남성은
60.6%로 나타났다. 또한 눈에 띄는 차이는 신문이 남성은 10.4%,
여성은 5.2%로 2배 정도의 차이를 보였다.

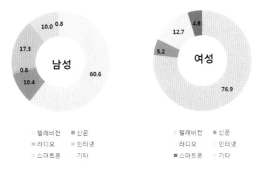

성별에 따른 환경오염 사고 관련 정보획득 미디어 유용성

　연령에 따라 환경오염 사고 관련 미디어의 정보 유용성 측면에서 차이가 있는지를 살펴본 결과, 전 연령에 걸쳐 '텔레비전'이 가장 높은 비중을 차지하였다. 연령이 높아질수록 텔레비전의 유용성이 커지는 것으로 나타났다. 이에 비해, 20대와 30대는 인터넷, 스마트폰과 같은 뉴미디어의 유용성이 상대적으로 높게 나타났으며, 40대 이상의 중장년층의 경우에는 텔레비전과 신문 등의 올드미디어가 큰 비중을 차지했다.

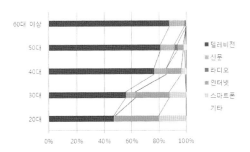

연령에 따른 환경오염 사고 관련 정보획득 미디어 유용성

2) 위험인식 특성

환경오염 사고에 대한 위험인식을 나, 그들, 사회의 세 가지 차원에서 살펴보았다. 먼저 '환경오염은 중요한 문제이다'라는 측면에서 나 3.76점, 그들 3.81점, 사회 3.91점으로 사회나 다른 사람들에게 더 중요한 문제라고 인식하는 것을 알 수 있다. '환경오염 사고의 피해를 받을까 봐 걱정된다'라는 항목에서는 나가 3.83점으로 가장 높게 나타났고, 사회가 3.81점, 그들이 3.76점 순으로 나타났다. 환경오염 사고에 대해서는 사회나 다른 사람보다는 나 자신이 피해를 입을까봐 더욱 걱정하는 것을 알 수 있다. 하지만 '환경오염 사고의 피해를 받을 것 같다'라는 측면에서는 사회가 3.80점, 나가 3.77점, 그들이 3.74점으로 나보다는 사회가 더 피해의 영향을 받을 것으로 인식하는 것을 알 수 있다. 마지막으로 '환경오염 사고에 대해 느끼는 위험 정도가 크다'라는 항목에서는 사회가 3.71점, 그들이 3.68점, 나가 3.65점으로 나보다는 사회나 다른 사람들이 느끼는 위험 정도가 더 클 것으로 인식하고 있다.

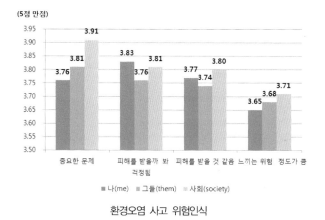

환경오염 사고 위험인식

위험인식의 차이를 살펴보면 여성은 자신과 사회가 받을 환경오염 사고 위험을 더 높게 인식하고 있는 반면, 남성은 나보다는 다른 사람이나 사회가 받을 피해가 더 크다고 인식하는 경향을 보였다.

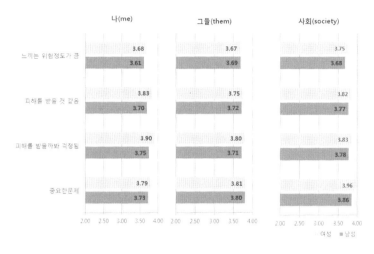

성별에 따른 환경오염 사고 위험인식

환경오염 사고에 대한 연령별 주위 환경과의 인지는 모두 3점 이상으로 다소 높게 나타났다. 이는 다른 위험 영역과 동일하게 환경오염 사고 역시 위험의 심각성을 인식하고 있음을 확인할 수 있는 부분이다.

환경오염 사고 위험과 자신과의 관계인식을 확인하기 위한 문항에서 전 연령에서 자신이 피해를 받을까 봐 걱정되고 실제 피해를 받을 것으로 인식하는 경향이 강하게 나타났다.

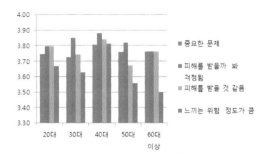

연령에 따른 환경오염 사고 위험인식(나)

환경오염 사고 위험과 '그들' 간 관계인식을 확인하기 위한 문항에서 전 연령에서 3.6점 이상으로 나타나 다른 사람들과 관련한 환경오염 사고 위험인식이 높은 것으로 나타났다. 30, 40, 50대의 경우 다른 연령에 비해 환경오염 사고 위험을 자신보다는 다른 사람들에게 중요한 문제로 생각하는 경향이 강하게 나타났으며, 20대, 60대의 경우 자신보다는 다른 사람이 피해를 받을까 봐 걱정하는 경향이 강하게 나타났다.

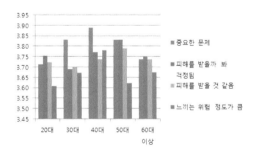

연령에 따른 환경오염 사고 위험인식(그들)

환경오염 사고 위험과 '사회' 간 관계인식을 확인하기 위한 문항에서 전 연령에서 3.6점 이상으로 나타나 사회와 관련한 환경오염 사고 위험인식이 높은 것으로 나타났다. 모든 연령에서 환경오염 사고 위험이 우리 사회에 중요한 문제인 것으로 인식하고 있었다. 또한 우리 사회가 환경오염 사고 위험의 피해를 받을까 봐 걱정되고 느끼는 위험 정도 역시 적지 않았으며 실제 피해를 받을 것으로 생각하는 경향도 강하게 나타났다.

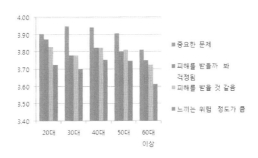

연령에 따른 환경오염 사고 위험인식(사회)

3) 미디어 보도에 대한 태도

환경오염 사고 관련 미디어 보도에 대한 태도는 모두 3.1∼3.45점대의 분포를 보였는데, 그중 '화가 나지만, 내가 할 수 있는 일은 너무 없음(3.45점)'이 가장 높게 나타났다. 뒤이어 '슬며시 짜증남(3.37점)', '정말 화가 남(3.32점)' 순으로 측정되었다. 이러한 결과는 환경오염 사고 관련 미디어 보도에 대한 불만족을 엿볼 수 있게 한다.

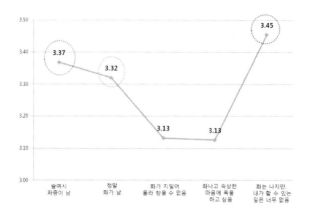

환경오염 사고 관련 미디어 보도에 대한 태도

성별에 따른 차이를 살펴보면, 남성이 여성보다 더 부정적인 태도를 보이는 것으로 나타났다. '화는 나지만 내가 할 수 있는 일은 너무 없음'은 남성 3.50점, 여성 3.41점으로 더 높은 비율을 보였지만, 그 외 항목에서는 남성이 더 부정적인 것을 알 수 있다.

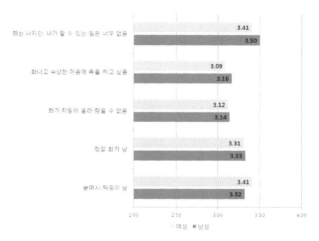

성별에 따른 환경오염 사고 관련 미디어 보도에 대한 태도

5. 사이버테러

1) 정보획득 경로·정보획득 미디어 유용성

사이버테러 관련 정보획득은 텔레비전 57.2%, 인터넷 28.2%, 스마트폰 8.8%, 신문 4.6%, 라디오 0.6%, 부모나 가족, 친구, 기타 주변 사람들 0.6% 순으로 나타났다. 다른 위험 사안들과 구별되는 특징은 텔레비전의 이용이 상대적으로 낮고, 인터넷을 통한 정보획득이 비교적 높게 나타난다는 점이다. 이는 사이버테러라는 주제적 특성에서 기인한 차이로 예측된다.

정보획득 경로와 마찬가지로 정보획득 미디어 유용성에서도 텔레비전 54.8%, 인터넷 31.2%, 스마트폰 8.0%, 신문 5.2% 등으로 나타났다. 텔레비전과 인터넷의 유용성이 정보획득 미디어로서 높게 평가되고 있는 것을 알 수 있다.

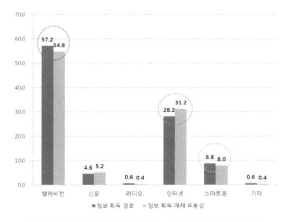

사이버테러 관련 정보획득 경로·정보획득 미디어 유용성

성별에 따라 사이버테러 관련 정보획득 미디어에 차이가 있는지를 분석한 결과, 여성의 경우 64.1%가 텔레비전, 24.7%가 인터넷, 8.4%가 스마트폰을 통해 정보를 획득하는 것으로 나타났다. 남성의 경우 50.2%가 텔레비전으로 다른 여타 위험에 비해 굉장히 낮은 비율을 보이고 있으며, 인터넷은 31.7로 상대적으로 높은 비율을 나타내고 있다. 또한 스마트폰이 9.2%로 나타났고, 신문도 6.8%로 뒤를 이었다.

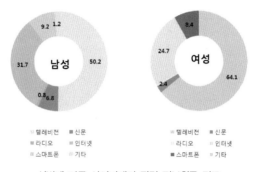

성별에 따른 사이버테러 관련 정보획득 경로

연령에 따라 사이버테러 위험 관련 정보획득 미디어에 차이가 있는지를 분석한 결과, 40대와 50대, 60대 이상에서는 텔레비전, 신문과 같은 올드미디어가 50% 이상을 차지하였으나 20대와 30대는 인터넷과 스마트폰 등의 뉴미디어가 50% 이상을 차지하였다. 이는 연령에 따라 접하고 있는 미디어가 전혀 다른 것을 반영하고 있는 것으로 분석된다.

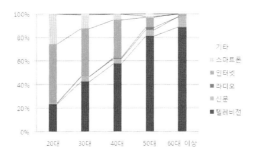

연령에 따른 사이버테러 관련 정보획득 경로

성별에 따라 사이버테러 관련 미디어의 정보 유용성 측면에서 차이가 있는지를 살펴본 결과, 남성의 경우 텔레비전이 47.8%로 절반에 못 미치는 비율을 보였다. 또한 인터넷이 34.5%로 상대적으로 매우 높게 나타났다. 여성의 경우 텔레비전이 61.8%, 인터넷이 27.9%로 나타나 여타 위험에 비교하여 상대적으로 높은 비율을 보였다. 주제와 성적 특징이 결합되어 다른 위험들과의 차이를 뚜렷하게 보여주는 것으로 이해된다.

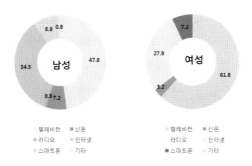

성별에 따른 사이버테러 관련 정보획득 미디어 유용성

연령에 따라 사이버테러 관련 미디어의 정보 유용성 측면에서 차이가 있는지를 살펴본 결과, 40대와 50대, 60대 이상에서는 텔레비전, 신문과 같은 올드미디어가 50% 이상을 차지하였으나 20대와 30대는 인터넷과 스마트폰 등의 뉴미디어가 50% 이상을 차지하였다. 이는 연령에 따라 접하고 있는 미디어가 전혀 다른 것을 반영하고 있는 것으로 분석된다.

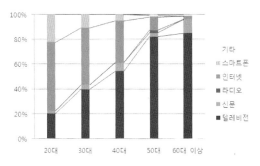

연령에 따른 사이버테러 관련 정보획득 미디어 유용성

2) 사이버테러 관련 지식 정도

사이버테러 관련 지식의 정도는 모든 항목에서 2.7점대로 비교적 낮게 나타났다. 가장 높은 항목은 '어떤 사항들을 고려하여 판단해야 하는지 알고 있음'이 2.77점으로 가장 높게 나타났고, '많이 알고 있음'과 '비교적 익숙하다고 생각함'이라는 항목이 각각 2.75점대로 나타났으며, '예방 및 대처법을 잘 알고 있음'이 2.73점대로 그 뒤를 이었다. 이는 사이버테러 관련 지식수준이 높지 않음을 시사한다.

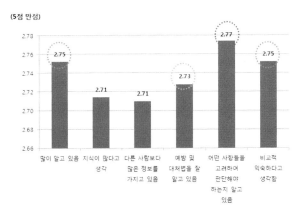

사이버테러 관련 지식 정도

성별에 따른 차이를 살펴보면, 남성이 여성에 비해 모든 항목에서 더 높게 측정되었다. 특히 사이버테러 관련 정보에 대해 '많이 알고 있음'에 해당되는 항목의 경우 남성이 2.82점으로 여성 2.69점에 비해 높은 수준을 보였다. 또한 '예방 및 대처법을 잘 알고 있음'이라는 항목에 대해서도 남성은 2.80점, 여성은 2.66점으로 차이가 나타났다.

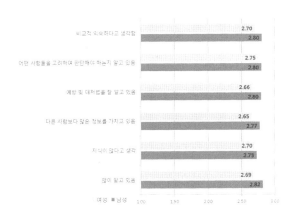

성별에 따른 사이버테러 관련 지식 정도

연령에 따른 차이를 분석한 결과, 20대와 30대의 경우에는 일정한 지식이 있다고 응답되었으나 40대, 50대, 60대 이상의 응답자는 3점 미만으로 다소 낮게 나타났다. 이는 사이버테러의 특성상 뉴미디어와 밀접한 연관이 있기에 연령에 따른 뉴미디어 활용 수준을 그대로 반영하는 것으로 이해된다.

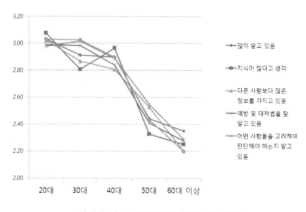

연령에 따른 사이버테러 관련 지식 정도

3) 제도적 신뢰성

사이버테러 관련 제도적 신뢰성을 살펴보면, 3.0점 초반대의 분포를 보였다. 먼저 '숙련된 사람과 시스템의 필요성을 인식하고 있음'이 3.22점으로 가장 높게 나타났고, '정확한 정보를 제공하고 있음'이 3.09점, '잘 대처하고 있음'이 3.06점, '충분히 능숙함'이 3.02점대로 측정되었다. 즉, 사이버테러 위험에 대응하기 위해서는 숙련된 전문가와 대응 시스템이 필요함이 높게 인식되고 있는데, 이는 현재 우리 정부의 사이버테러 관련 위기대응 능력에 대한 불신에 기인하는 것으로 이해된다.

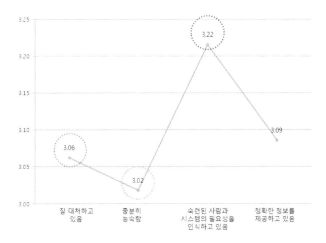

사이버테러 관련 제도적 신뢰성

성별에 따른 차이를 살펴보면, 유사한 경향을 보이고 있다. '정확한 정보를 제공하고 있음'이라는 측면에서는 남성(3.12점)이 여성(3.06점)보다 높게 나타났으며, '잘 대처함'이라는 항목 또한 남성(3.09점)이 여성(3.03)보다 더 높게 나타났다. 반면, '효과적 관리를 위해 숙련된 사람과 시스템의 필요성을 인식하고 있음(여성 3.26점, 남성 3.17점)' 항목과 '충분히 능숙함(여성 3.02점, 남성 3.01점)' 항목에서는 여성이 남성보다 높게 나타났다.

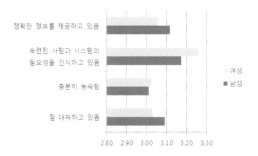

성별에 따른 사이버테러 관련 제도적 신뢰성

연령별 차이를 분석한 결과, 모든 연령층에서 사이버테러 위험을 효과적으로 관리하기 위해 숙련된 사람과 시스템이 필요함을 가장 중요하게 생각하는 것으로 나타났다. 반면, 현재 정부의 대처 능력에 대해서는 불신이 적지 않은 것으로 나타났다.

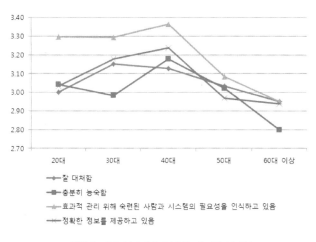

성별에 따른 사이버테러 관련 제도적 신뢰성

4) 미디어 보도에 대한 태도

사이버테러 관련 미디어 보도에 대한 태도를 살펴보면, 모든 항목에서 3.0점대 이상으로 나타났다. 다른 여타 위험 이슈들과 마찬가지로 '화는 나지만 내가 할 수 있는 일은 너무 없음(3.45점)'이 가장 높았고, '슬며시 짜증남(3.22점)', '정말 화가 남(3.19점)', '화나고 속상한 마음에 욕을 하고 싶음(3.10점)', '화가 치밀어 올라 참을 수 없음(3.07점)' 순으로 나타났다. 부정적인 항목에서도 3.0 이상의 높은 측정치를 보이며 사이버테러 관련 미디어 보도에 대한 부정적인 견해를 드러냈다.

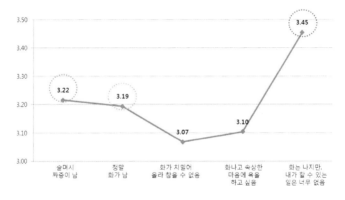

사이버테러 관련 미디어 보도에 대한 태도

성별에 따른 차이를 살펴본 결과, 남녀 모두 '화는 나지만, 내가 할 수 있는 일은 너무 없음'이 가장 높게 나타났다. 전체적으로 유사한 인식 경향을 보였다.

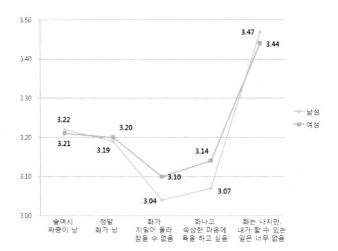

성별에 따른 사이버테러 관련 미디어 보도에 대한 태도

6 한국인의 위험인식 스펙트럼

1. 자연 그리고 과학에 대한 한국인의 인식은?

자연은 보호하고 계승해야 할 대상

한국인에게 자연은 보호해야 할 대상, 계승되어야 할 대상으로 인식된다. 자연은 인간세상보다 완벽하며 스스로 변화하는 것으로 인식되는 반면, 인간에 의해 자연의 균형이 파괴될 수 있는 것으로 인식되고 있다. 그러면서도 자연을 변화시키는 것은 인류에게 나쁜 결과를 가져올 것이라고 생각한다.

자연에 대한 한국인의 인식 및 태도

과학기술은 인간에게 이로운 것

한국인에게 과학기술은 인류에게 이로운 것으로 인식되는 경향이 있다. 머지않아 인간의 장기를 동물 또는 인공장기로 대체가 가능할 것이라고 생각하며, 과학기술이 언젠가는 질병치료제를 제공해줄 것으로 기대한다. 과학자들에 대해서는 세계를 좋은 장소로 만들기 위해 노력하는 사람들로 평가하고 있다.

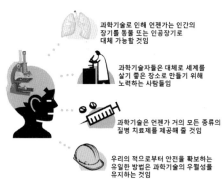

과학기술에 대한 한국인의 인식 및 태도

2. 위험정보 관련 미디어에 대한 인식은?

위험정보원으로서의 미디어, 가장 유용한 매체는 TV

한국인이 위험 관련 정보를 획득하는 데 있어 가장 크게 의존하는
미디어는 텔레비전이다. 다음으로 인터넷, 스마트폰, 신문, 라디오
순이다.

한국인의 위험 정보획득 경로

또한 한국인이 위험 관련 정보를 제공하는 미디어 중 가장 유용하
게 생각하는 것은 텔레비전이다. 다음으로 인터넷, 스마트폰, 신문,
라디오 순이다.

위험정보 관련 미디어의 유용성 인식

위험정보 관련 미디어에 불만 팽배

한국인은 위험과 관련해 미디어의 보도 등을 부정적으로 인식하고 있다. 미디어는 위험에 정치사회적인 과정을 접목시키는 경향이 있다고 생각하며, 기자를 특정한 연출가의 태도를 취하는 사람들로 평가한다. 미디어가 중요한 위험을 드물게 보도하면서 위험 자체를 보도하지 않고 피해에 대해서만 보도한다고 생각한다.

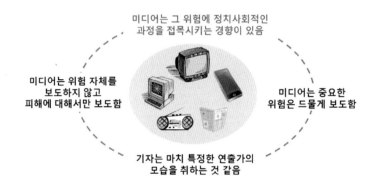

위험정보 관련 미디어에 대한 한국인의 평가

구체적으로 한국인은 미디어의 위험보도를 접했을 때, 화는 나지만 내가 할 수 있는 일은 없는, 어쩔 수 없는 일이라고 생각하는 무기력함을 절감하고 있다. 따라서 위험 관련 미디어 보도를 보면 슬며시 짜증이 나기도 하고, 때론 정말 화가 나기도 하며, 화나고 속상한 마음에 욕을 하고 싶기도 한다. 급기야 화가 치밀어 올라 참을 수 없는 수준에 이르기도 하는 것으로 보인다.

보통

화는 나지만, 내가 할 수 있는 일은 너무 없음

슬며시 짜증이 남

보면 정말 화가 남

화가 치밀어 올라 참을 수 없음

미디어의 위험보도에 대한 한국인의 인식 및 태도

한국인이 위험에 대한 의견을 가장 많이 나누는 대상은 '가족'이다. 그 다음으로 친구 그리고 주변 전문가의 순이다.

가족 > 친구 > 주변 전문가

위험 관련 논의 대상

3. 한국인이 심각하게 생각하는 위험은?

한국인의 위험심각성 인식수준: 신·변종 전염병〉원자력 발전/기술 위험〉환경오염 사고〉자연재해〉사이버테러

한국인은 어떤 위험을 얼마나 심각하게 생각하고 있을까. 5대 위험을 대상으로 한 결과, 한국인은 신·변종 전염병을 가장 심각한 위험으로 인식하고 있다. 다음으로는 원자력 발전/기술 위험이며, 뒤를 이어 환경오염 사고, 자연재해이다. 사이버테러는 상대적으로 심각성이 높지 않다고 하겠다.

한국인의 위험인식(종합)

이러한 위험인식은 성별에서도 동일하게 나타났다. 남성과 여성 모두에게 가장 심각한 위험은 신·변종 전염병이며, 그다음 심각한 것이 원자력 발전/기술 위험이다. 뒤를 이어 환경오염 사고, 자연재해, 사이버테러 순이다.

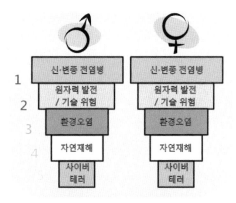

한국인의 위험인식(종합-성별)

위험의 심각성을 인식하는 수준은 연령에 따라 차이를 보이는데, 20대의 경우 가장 큰 위험으로 인식하는 것은 원자력 발전/기술 위험이며, 그 외 모든 연령층에서 신·변종 전염병이 가장 심각한 위험으로 인식되고 있다. 또 한 가지 특이한 것은 20대의 경우, 사이버테러를 신·변종 전염병 다음으로 위험한 것으로 인식하고 있는데, 다른 연령층에서는 사이버테러를 별로 심각하지 않은 위험으로 인식하고 있어 대조를 보인다.

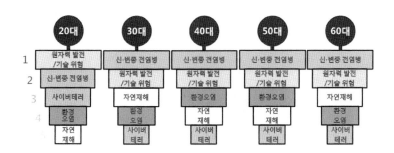

한국인의 위험인식(종합-연령별)

태풍, 방사능 유출, 신종플루, 지구온난화, 개인정보 유출 등을 심각한 위험으로 인식

5대 위험의 세부 영역을 모두 포함해 위험의 심각성을 측정한 결과, 한국인이 가장 심각하게 생각하는 위험은 '태풍'이다. 다음으로는 방사능 유출, 지구온난화, 핵무기 전용 등의 순이다. 구제역, 유전자변형식품(GMO)과 교통사고는 그 심각성에 대한 인식이 상대적으로 낮은 편이다. 10대 세부 위험 중에서 가장 많은 비중을 차지한 것은 방사능 유출, 핵무기 전용, 유전자변형식품의 '원자력 발전/기술 위험'과 지구온난화, 오존층 파괴, 교통사고 등의 '환경오염 사고'이며, 신종플루와 구제역의 '신·변종 전염병'이 뒤를 이었다. 자연재해의 경우 '태풍'만이 순위에 있으며, 사이버테러 중에서는 '개인정보 유출'이 유일하게 순위에 포함되어 있다.

한국인이 심각하게 생각하는 10대 위험

한국인의 10대 위험인식은 남녀 간 차이를 보인다. 남성과 여성 모두 가장 심각하게 생각하는 것은 태풍이며, 방사능 유출도 비슷한 순위로 나타났다. 남성의 경우에는 태풍, 홍수, 호우, 폭염 등 자연재해와 핵무기 전용, 방사능 유출 등의 원자력 발전/기술 위험, 구제역, 신종플루 등의 신·변종 전염병이 10대 위험에 다수 포함된다. 하지만 여성은 방사능 유출, 핵무기 전용, GMO, 방폐장 등의 원자력 발전/기술 위험이 가장 큰 비중을 차지하며, 지구온난화, 오존층파괴, 교통사고의 환경오염 부분이 다수 포함된다. 남성과 여성 모두 개인정보유출이 사이버테러 위험 영역 중에서 유일하게 포함된다.

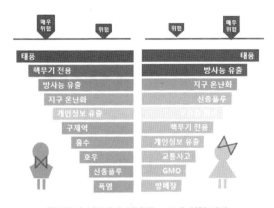

한국인이 심각하게 생각하는 10대 위험(성별)

위험의 심각성을 인식하는 수준은 연령에 따라 차이를 보이는데, 20대의 경우 가장 큰 위험으로 인식하는 것은 개인정보 유출이며, 30대의 경우 핵무기 전용이다. 40대, 50대, 60대는 모두 태풍을 가장 심각한 위험으로 인식한다.

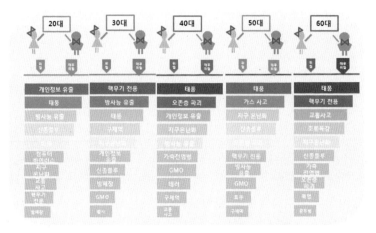

한국인이 심각하게 생각하는 10대 위험(연령별)

태풍, 호우, 폭염, 홍수 등의 자연재해를 심각한 위험으로 인식

위험별로 살펴보면, 한국인은 자연재해 중 태풍을 가장 심각한 위험으로 인식하고 있다. 이러한 결과는 그동안 우리나라에서 빈번하게 발생하는 자연재해가 주로 태풍이나 호우에 의한 것이고, 그에 따른 인명 및 재산피해가 매해 반복되어 미디어에 의해 빈번하게 보도된다는 점이 일정한 영향을 미친 것으로 판단된다. 자연재해 중 홍수는 전 세계적으로 가장 중요한 자연재해의 하나로서 인간에게 가장 큰 영향을 미치고, 경제적 손실을 유발하는 위험으로 알려져 있는데, 이런 홍수는 태풍이나 호우에 의해 유발된다는 점을 고려할 때 위험심각성이 높게 평가된 것은 타당하다고 하겠다.

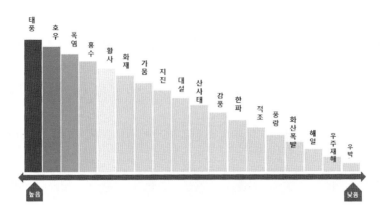

자연재해 위험인식 스펙트럼

방사능 유출, 핵무기 전용, 유전자 변형식품 등의 원자력 발전/ 기술 위험을 심각한 위험으로 인식

한국인은 원자력 발전/기술 위험 중에서 방사능 유출을 가장 심각한 위험으로 인식하고 있으며, 다음으로 핵무기 전용과 유전자변형식품을 위험한 것으로 인식한다. 이는 2011년 3월에 발생한 일본의후쿠시마 원전사고로 인한 대량의 방사능 유출 사건이나 이로 인해국내에서 벌어진 원자력발전소 건립 및 유지에 대한 찬반논쟁, 그리고 원자력발전소는 실제 위험과는 상관없이 무조건 거부되는 상황이 반복되고 있으며, 공중의 원자력발전소에 대한 인식의 저변에는매우 강한 두려움이나 공포감이 자리 잡고 있다는 점이 영향을 미친것으로 사료된다.

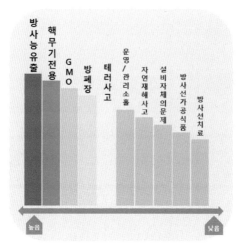

원자력 발전/기술 위험인식 스펙트럼

신종플루, 구제역, 가축전염병 등의 신·변종 전염병을 심각한 위험으로 인식

한국인은 신·변종 전염병 중에서 신종플루를 가장 심각한 위험으로 인식하고 있으며, 다음으로 구제역, 가축전염병 순이다. 주지하다시피 신종인플루엔자는 2009년 4월 북미대륙에서 유행하여 전 세계적으로 약 18,000명의 목숨을 앗아갔으며, 당시 국내에서도 신종인플루엔자의 급격한 확산으로 국가재난 최고단계인 '심각단계'를 선언할 정도로 대다수의 공중들에게 불안과 걱정, 공포감을 심어주어 심각한 사회적 혼란을 야기하기도 하였다. 그때 당시 신종인플루엔자에 대해 느꼈던 공포의 기억이 영향을 미친 것으로 판단된다.

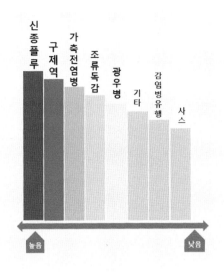

신・변종 전염병 위험인식 스펙트럼

지구온난화, 오존층파괴, 교통사고 등의 환경오염 사고를 심각한 위험으로 인식

　환경오염 사고 중에서는 지구온난화를 가장 심각한 위험으로 인식하고 있으며, 다음이 오존층 파괴이다. 일반적으로 환경오염은 물리적인 현상에서 직접 눈에 띄게 나타나는 것이 아니라 미디어의 사회적 재구성을 바탕으로 의미구성의 해석을 통해서만 이루어진다는 측면에서 미디어의 영향이 반영된 결과라고 판단된다.

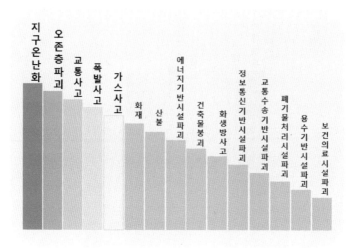

환경오염 사고 위험인식 스펙트럼

개인정보 유출, 주민번호 도용, 컴퓨터 바이러스 등의 사이버테 러를 심각한 위험으로 인식

　사이버테러 중에서는 개인정보 유출을 가장 심각한 위험으로 인 식하고 있으며, 다음으로 주민번호 도용, 컴퓨터 바이러스 순이다. 국내에서 개인정보 유출은 매우 심각한 문제로서, 개인정보 유출로 인한 다양한 2차적 피해, 즉 보이스피싱(voice phishing), 스팸메일 이나 전화 및 문자, 명의도용, 사생활 침해 등을 유발한다. 실제로 보이스피싱을 예로 들면, 2006년 6월부터 2012년 12월까지 피해건 수는 40,051건, 피해금액은 4,206억 원에 이를 정도로 그 피해규모 가 크고, 발생건수도 2011년 4분기(2,908건)를 기점으로 하락세를 보이다가 2012년 4분기(1,067건)부터 다시 증가세를 보이고 있다

(금융감독원, 2013). 이처럼 개인정보 유출은 다양한 사이버범죄의 발생으로 인해 우리 사회에서 지속적으로 경각심을 고취하고 있고, 매우 심각한 사회문제로 인식되고 있다는 점이 반영된 것으로 판단된다.

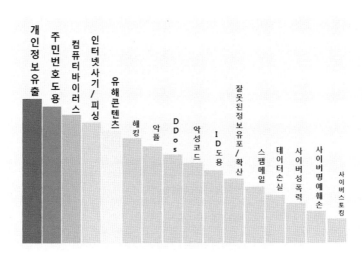

사이버테러 위험인식 스펙트럼

4. 위험관여도는 어떠한가?

자연재해 위험에 가장 많은 관심, 사이버테러 영역에 가장 적은 관심

한국인은 위험 이슈에 대해 얼마나 관심을 갖고 얼마나 중요한 것으로 생각하고 있는가. 그 결과 가장 높은 관여를 보인 것은 자연재해 영역이다. 즉, 한국인이 가장 관심을 갖고 중요한 위험 이슈라고 생각하는 위험분야는 자연재해 위험이라는 것이다. 다음으로 관심을 갖고 중요하게 생각하는 위험 영역은 환경오염 사고 영역이며, 신·변종 전염병, 원자력 발전/기술 위험, 사이버테러의 순이다. 자연재해와 환경오염 사고의 경우에는 실제 경험하거나 미디어를 통해 평소 관심을 갖고 중요한 문제로 인식하는 경향이 강한 반면, 사이버테러와 원자력 위험 영역의 경우 평소 직접 목격하거나 관련 보도가 많지 않아 상대적으로 관여도가 높지 않은 것으로 이해된다.

한국인의 위험관여도

위험관여도에 있어 남녀 간 차이가 있는데, 남성의 관여도가 가장 높은 영역은 환경오염 영역이며, 여성의 경우에는 자연재해 영역이다.

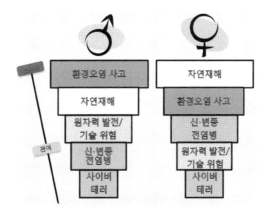

한국인의 위험관여도(성별)

위험관여도는 연령에 따라 약간의 차이를 보이는데, 30대는 환경 오염에 대한 관여도가 가장 높은 반면, 그 외 모든 연령에서는 자연 재해에 대한 관여도가 높다. 사이버테러는 모든 연령에서 가장 낮은 관여도를 나타낸다.

한국인의 위험관여도(연령별)

위험은 나보다는 그들, 사회적 차원에서 보다 중요하고 심각한 문제로 인식

　위험관여도를 '나', '다른 사람(그들)', '우리 사회(사회)'라는 세 가지 층위로 구분하여 살펴본 결과, 위험 이슈의 중요성과 심각성은 사회적 차원에서 우선적으로 고려되고 있다. 즉, 위험 이슈는 나보다는 그들, 그보다는 사회적 차원에서 보다 중요한 문제이며 보다 심각한 문제라는 인식이 한국인의 위험인식이라는 것이다. 결국 한국인에게 위험 이슈는 개인적인 문제라기보다는 사회공동체적인 문제로서 구조적인 특성을 갖는 것으로 이해된다.

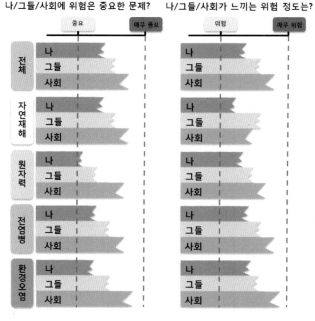

한국인의 위험관여도(연령별)

Green
Energy in New world

| '안전－안심 한국'을 위하여

7 기본방향 설정

1. 안전 – 안심 사회의 조건, 사회적 신뢰회복

한국사회는 세계에서 유례가 없을 정도로 초고도의 성장패턴을 보였다. 옆과 뒤를 돌아보지 않고 앞만 보고 질주한 소위 '전진모델'의 영향력에 힘입어 선진국 문턱까지 돌진적 성장을 거듭했다. 이러한 한국사회의 발전은 '압축적 근대화 패러다임'으로 설명할 수 있겠다. 이는 삶의 기회를 짧은 시간에 거의 폭발적으로 확대시킨 한국의 초고속 발전모형을 포착하기 위해 사용되는 개념이다.

압축적 근대화 패러다임에 따르면 짧은 시간 동안의 경제적 성취를 위해 강력한 국가가 지배자를 통해 시민사회를 배제한 채, 대중을 동원한 과거 한국의 전형적 발전모델이라고 할 수 있다. 이러한 압축적 근대화 패러다임은 그 결과 우리 사회 곳곳에 위험한 함정을 파놓고 있다.

서구의 '위험사회론'이 우리에게 매우 시의적절하게 여겨질 만큼, 우리 사회의 각 분야에 잠복한 위험요소가 산재해 있다는 점을 경험적으로 확인하고 있다. 요컨대 한국사회는 사회적인 안전망과 위험에 대한 사회적 공론화가 결여된 채로 급속한 산업화과정을 통해 경제성장을 추진했던바, 각종 기술재해 및 안전사고와 같은 전형적인 현대사회의 위험들이 서구사회보다 더욱 구조화되어 왔다고 하겠다.

대형사고와 사건사고가 빈발하게 된 한국사회는 서구사회에서 논의되는 위험사회와는 다른 개념으로 접근할 필요가 있다. 최근 한국사회의 위험적 특징을 진단하는 연구들이 등장하고 있는바, 임현진 외(2002)와 이재열(1998)은 높은 위험추구경향, 사회적 조정과 협력의 실패, 긴급구조체계의 미비, 그리고 관료의 부패와 법집행의 공정성 결여를 비판적으로 제시하고 있다. 그중 가장 한국사회에 심각하게 착근되어 있는 문제점은 바로 높은 위험추구경향, 사회적 조정과 합의의 실패라고 할 수 있다. 우리 사회는 전반적으로 높은 위험추구성향을 갖고 있다. 정부나 기업, 일반국민 모두에게 위험을 무릅쓰는(risk-taking) 태도가 보편화된 이유는 바로 '안전'을 비용이 많이 드는 대안으로 인식하는 데서 기인한 오해이다. 또한 한국사회의 구조적인 위험을 초래하는 데 있어 사회적 조정과 협력의 실패가 중요한 원인으로 작용하고 있다. 방폐장 건설 관련 갈등, 광우병 사태 등을 반추해 보더라도 사회적 조정과 협력의 실패에서 기인한 소통의 문제점은 위험을 더욱 증폭시키는 요인으로 작용해 왔다.

사회적 갈등과 신뢰회복

이러한 배경에서 지속성장 가능한 미래를 위해 한국사회의 위험이슈에 대한 진단이 시급하다. 위험 이슈로 인한 사회적 갈등은 사회가 분화될수록 점점 더 심화될 것으로 전망된다. 또한 위험에 대한 막연한 불안감이 해소되지 않는다면 그로 인한 사회적 비용의 증가 역시 불가피할 것이다. 특히 나노기술과 유전자변형식품(GMO) 등과 같은 현대사회 테크놀로지의 발달은 항상 위험과 관련되는데, 인간이 그 영향을 완벽하게 예측하고 통제할 수는 없다. 따라서 위험을 예측가능하게 할 수 있는 준비상태는 현대사회의 이노베이션 수용, 그리고 효율적 가능성을 기능케 하는 데 이바지한다.

1980년대를 거치면서 한국사회가 쌓아온 안전사회의 신화가 다양한 사건사고를 통해서 무너지면서 정부차원에서도 지속적인 '안전정부' 건설을 위해 노력해 왔다. 이러한 모습은 최근 박근혜 정부에서도 드러나고 있다. '행정안전부'라는 명칭을 '안전행정부'로 바꾸게 된 것도 국민의 '안전'을 우선시하겠다는 정부의 강력한 의지로 볼 수 있다.

최근 한국사회가 지니는 위험을 공론화시키고, 시스템적으로 대비하려는 정부차원의 노력들은 비교적 활발해지는 편이지만, 여전히 학술적 차원에서의 연구들은 미흡하다. 기존 한국사회의 위험을 분석한 연구들은 서구의 위험사회이론에 입각하여 한국사회를 분석하거나, 특정 사고나 재난재해에 대한 단편적 분석에 그치고 있으며, 한국사회의 위험시스템을 세밀하게 분석하여 대응방안을 제시하기보다는 대증적 처방의 제시에 머무르고 있다는 한계를 갖고 있다. 이에 위험사회로서 한국의 현실을 상세하게 분석하고, 이를 통해 안전사회를 지향하기 위한 실용성 있는 대안을 제시하는 연구가 시급하게 필요한 시점이다.

위험이 생기거나 사고가 날 염려가 없다는 안전(安全)의 개념을 넘어서는 위험에 대한 모든 걱정을 떨쳐 버리고 마음을 편히 가질 수 있는 안심(安心) 개념으로의 패러다임 변화가 요구된다. 안심사회 구현의 조건으로서 신뢰시스템에 대한 구체적 논의가 필요하다.

한국은 친지나 가족 등에 대해선 높은 사적 신뢰를 보이는 반면, 공적으로 제도화된 규칙이나 국가기구, 사회기관에 대해선 신뢰가 낮은 저신뢰 사회로 분류된다(유선영 · 이강형, 2008). 정부 · 정당조직 등 국가기관에 대한 불신, 언론(미디어)에 대한 불신 역시 약하지 않다. 따라서 상실된 사회적 신뢰를 되살리는 신뢰회복 과정에 대한 구체적 논의가 요구되는 시점이다.

사회적 신뢰의 개념은 1995년부터 유럽연합이 추진해 오고 있는 'Trustnet' 프로그램의 일환으로 이 프로그램에 의해 발간된 연구보고서(EC, 2000)에서는 위험사회를 치유하기 위한 처방으로 '사회적 신뢰'의 개념을 제시하고 있다.

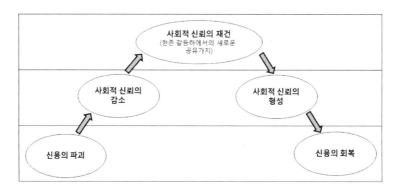

출처: 정근모 · 이공래(2001), p.48

상실된 사회적 신뢰의 회복과정

사회적 신뢰는 개인과 기존의 또는 새롭게 형성되고 있는 그룹과의 관계를 의미하며 사회적 신뢰는 개인이 심각한 위험을 수반할 수 있는 중요한 프로젝트를 수행할 때 다른 사람들에게 의지하는 상황에서 형성된다. 사회적 신뢰는 사회의 인식자원을 저장하는 수단으로 간주되고, 개인은 스스로 필요를 충족할 수 없기 때문에 자신이 할 수 없는 일들을 다른 사람에게 혹은 시스템과 기관과 협력하여 해결해야 한다.

참여 민주주의와 커뮤니케이션적 합리성의 증진

우리 사회에서 위험에 관한 의사소통은 매우 빈약한 수준이다. 과학기술자들은 사회적 인식에 대해 관심이 약하고, 대중은 과학적 지식에 취약하다. 그로 인해 잦은 정보의 통제나 왜곡이 일어나고, 이에 대한 사회적 불신과 저항이 거세져서 자주 갈등이 커지는 양상으로 발전되곤 한다. 정보를 제공하는 경우에도 정보제공자의 목적을 위한 도구적 접근에 치중하고, 성실한 의사소통이 잘 이루어지지 않는다. 결국 전반적인 커뮤니케이션의 실패가 나타나는 것이다. 위험 주체들 사이에 신뢰감이 형성되어 있으면 불필요한 오해가 불식되고, 전달되는 정보와 내용이 쉽게 이해될 수 있다는 점에서 신뢰는 위험커뮤니케이션에 있어 매우 중요한 역할을 한다. 현대사회의 위험커뮤니케이션은 신뢰의 부재 문제와 더불어 대중들의 의견과 요구가 반영되어야 한다는 양방향성과 능동적인 정보획득과 의견개진을 의미하는 참여(public participation)의 측면에서도 문제점을 노출하고 있다.

이러한 문제를 해결하기 위해서는 무엇보다도 신뢰를 기반으로 하는 커뮤니케이션이 회복되어야 한다. 이념적으로 보면 참여민주주의인데, 모든 사람들이 위험 관련 정보에 자유롭게 접근할 수 있고, 조직의 의사결정 과정이 민주화되어야 한다는 것이다. 우선 위험의 공급자(전문가, 정부)가 변화해야 한다. 대중은 위험에 대해 비합리적이거나 잘못된 인식을 가진 것이 아니라 '다르게' 인식하고 있으며, 과학자들은 그들의 인식방법을 이해해야 한다. 대중은 설득의 대상이 아니라 위험문제를 같이 풀어나갈 파트너로 인정되어야 한다. 상호이해의 기반을 위해 공급자와 대중이 자주 만나 대화를 나눌 수 있는 기회가 마련되어야 하며, 정보는 필요한 시점에 필요한 내용이 공개되어야 한다.

결국 우리 사회 위험의 근본적인 예방 및 사후처방은 커뮤니케이션의 회복에 있다. 우리 사회의 위험예방 및 대응에 있어서 (안전을 위한) 기술적 접근뿐만 아니라 원활한 위험 의사소통을 위한 사회적 접근의 중요성이 점점 더 커지고 있다. 또한 위험 이슈에 대한 기본적 철학에 있어서도 도구적 합리성(instrumental rationality)보다는 커뮤니케이션적 합리성(communicative rationality)의 중요성이 부각되고 있음을 시사한다.

현대 위험사회 속에서 사회적 신뢰를 회복하기 위해서는 무엇보다도 개인의 적극적인 참여가 필요함과 동시에 사회적 신뢰를 구축할 수 있는 사회의 능력이 요구된다. 이러한 능력은 사회적으로 책임을 진 전문가, 위험에 대한 보도와 방재기능을 담당하는 언론의 몫이다. 현대사회에 팽배해 있는 위험의 저감을 위한 사회적 신뢰를 창출하는 데는 집단 간 신뢰, 그리고 위험을 해결하기 위해서 제반 이해관계자들이 공통의 가치를 공유하고 있다는 인식적 교감 등의 다양한 요인들이 필요하며, 이러한 논의의 중심에는 바로 제반 이해관계자들 간의 소통활성화와 증진이 있음을 강조할 수 있겠다.

2. 사회적 신뢰구축의 토대, 위험커뮤니케이션 활성화

과학기술이 중심이 되는 사회, 과학기술의 영향력이 지대한 사회에 살고 있는 것은 자명하다. 하지만 과학기술에 대한 대중의 인식은 지극히 이중적이다. 과학기술이 제공하는 경제적 효용성과 일상적 편리성에 감탄하면서도 현대과학과 첨단기술에 대해 극도의 부정적 인식을 가진다. 이러한 이중적인 태도로 인해서 사회 내의 심각한 갈등과 분열이 생겨나고 있음이다. 특히 현대과학과 첨단기술이 초래하는 위험에 대한 기술 위험 논쟁들이 지속되어 왔다. 과거에는 개인의 삶 속에 매몰되어 사회적 이슈에 대한 관심이 부족했다. 하지만 삶의 질이 개선되고 민주화가 진전되면서 사회문제에 대한 관심이 증폭하고 있다. 특히 언론의 자유, 미디어의 발전과 개인화(특히 인터넷의 발전)가 이러한 변화를 추동하고 있다.

커뮤니케이션 파워의 회복 필요

위험을 체계적으로 관리하려는 한국사회의 노력은 선진국에 비해 크게 부족한 실정이다. 특히 아직도 위험은 기술적으로 극복되어야 하고 따라서 그 관리는 과학기술자들이 전담해야 한다는 생각에서 크게 벗어나지 못하고 있다. 하지만 기술주의적 환상은 깨진 지 오래다. 위험은 기술적 성격과 더불어 사회적 성격을 매우 크게 가지고 있다. 예컨대 위험시설의 입지를 반대하는 주민들에게는 '과연 얼마나 위험한가(기술적 문제)'보다는 '정부나 산업을 믿을 수 있는가?(신뢰의 문제)', '내가 가진 재산의 가치가 떨어지지 않을까?(경제적 문제)', '왜 하필이면 내가 위험부담을 져야 하나?(형평성의 문제)' 등 사회적 문제들이 관심의 초점인 것이다(소영진, 2000). 이러한 점에서 우리나라에서도 위험의 사회적 측면이 부각되고 연구될 필요성이 절실하다 하겠고, 그중에서 위험의사소통, 즉 위험커뮤니케이션 분야의 중요성이 강조된다. 복합적이고 체계적인 범위에서 위험에 대한 논의가 요구된다. 위험에 관한 결정은 기술적인 것이 아니라, 가치(value)지향적인 문제이기 때문이다.

위험커뮤니케이션은 위험과 관련한 제 행위자 간에 가정된 피해, 즉 위험요인에 대해 인식을 공유하는 커뮤니케이션 과정으로 규정할 수 있겠다. 위험커뮤니케이션 모델에서 전문가집단(기업과 연구자 집단), 언론, 일반시민은 핵심적 행위자로 존재하고 정부가 규제적 행위자로 참여한다. 위험과 관련하여 소통되는 메시지가 있고, 이 메시지가 흐르는 통로(채널)가 있다. 언론이나 정보는 행위주체이면서 동시에 통로의 역할을 하기도 한다. 즉, 두 영역(전문가－대중) 사이의 정보흐름은 직접적으로 이루지기보다는 매개자를 통하여 이루어지며, 특히 언론이 주요 매개자 역할을 담당하고 있다. 따라서 위험커뮤니케이션에 있어 미디어 관련 부분은 핵심적 연구이슈가 된다. 그밖에 위험커뮤니케이션에서 다루어야 할 이슈들로 위험인지, 위험관리, 위험행태, 그리고 위험수용 등에 관한 문제들이 중요하게 부각된다. 과학과 기술의 급속한 발전이 동반하는 데 따른 사회적 결과를 연구하는 새로운 연구분야로 위험커뮤니케이션이 자리매김 되는 것이다.

우리 사회의 위험 의사소통은 매우 빈약한 실정이다. 과학기술자들은 사회적 인식에 대해 관심이 약하고, 대중은 과학적 지식에 취약하다. 그로 인해 잦은 정보의 통제나 왜곡이 일어나고, 이에 대한 사회적 불신과 저항이 거세져서 자주 갈등이 커지는 양상으로 발전되곤 한다. 정보를 제공하는 경우에도 정보제공자의 목적을 위한 도구적 접근에 치중하고, 성실한 의사소통이 잘 이루어지지 않는다. 결국 전반적인 커뮤니케이션의 실패가 나타나는 것이다.

이러한 문제를 해결하기 위해서는 커뮤니케이션이 회복되어야 한다. 우리가 직면하고 있는 위험은 인간관계의 구조적 황폐화에 기인한다. 하버마스가 지적했듯이, '생활세계의 식민화'인 것이다. 따라서 우리에게 필요한 것은 총체적 위기를 극복할 수 있는 에너지, 즉 커뮤니케이션 파워를 회복하는 것이다. 이념적으로 보면 참여민주주의인데, 모든 사람들이 정보에 자유롭게 접근할 수 있고, 조직의 의사결정 과정이 민주화되어야 한다는 것이다.

우선 위험의 공급자(전문가, 정부)가 변화해야 한다. 대중은 위험에 대해 비합리적이거나 잘못된 인식을 가진 것이 아니라 '다르게' 인식하고 있으며, 과학자들은 그들의 인식방법을 이해해야 한다. 대중은 설득의 대상이 아니라 위험문제를 같이 풀어나갈 파트너로 인정되어야 한다. 상호이해의 기반을 위해 과학자들과 대중이 자주 직접 만나 대화를 나눌 수 있는 기회가 마련되어야 하며, 정보는 필요한 시점에 필요한 내용이 공개되어야 한다.

결국 우리 사회의 위험의 근본적인 예방 및 사후처방은 커뮤니케이션의 회복에 있다. 물론 그 주체는 우리 사회를 구성하는 우리들−어떠한 사회적 기준으로도 차별화되지 않는− 한국인들이다. 산업사회의 위험에 대한 치유책으로써 울리히 벡이 제시한 명제는 정보화시대를 사는 오늘날 우리에게 여전히 유효하다. "새로운 것들에 대한 잘못된 집착을 버리고 아울러 전통의 풍부함을 간직하게 하면서 우리들에게 쏟아지는 새로운 것들을 진정 새롭게 생각하고, 대처하며 살아갈 수 있는" 용기와 지혜가 우리에게 필요한 것이다.

커뮤니케이션에 기반을 둔 신뢰−합의 도출

벡(Beck, 1986)은 현대의 서구사회를 위험사회(risk society)로 규정하면서 기술과 산업이 빠른 속도로 성장하던 산업사회에서는 '좋은 것(goods)의 분배'를 통해 더 좋은 것을 획득하는 데 목표를 두었다면, 위험사회에서는 '나쁜 것과 위험한 것(bads or danger)'의 분배를 통해 최악의 것을 예방하는 데 목표를 두고 있다고 설명하였다. 또한 "가난은 계층적이지만 스모그는 민주적이다(Poverty is hierarchic, smog is democratic)"라는 은유를 통해 현대사회에서의 '위험의 평등성', 즉 위험사회에서의 위험은 사회구성원 누구에게나 중요한 당면 과제임을 강조하였다.

이 같은 위험사회의 문제를 해결하고 해소하는 방안으로 벡(Beck, 1992)은 성찰적 근대화(reflexive modernization)를 제안하고 있다. 과학기술에서의 성찰적 접근이란, 전문가 집단과 기업이 독단적으로 진행하던 과학의 영역에 비판세력으로서의 사회가 개입하는 것으로,

이를 위해서 일반인은 주체성을 회복하고 능동적으로 위험에 대응하여야 하며, 위험에 대해 자발적으로 대응하여야 한다는 것이다. 일반인으로 하여금 과학에 대한 성찰을 높이면서 위험해결을 위한 사회적 합의를 탐색할 수 있는 기회를 창출하는 것은 커뮤니케이션을 통해서만 가능하다. 커뮤니케이션의 의미를 공유하는 과정이고 신뢰확보의 수단이며 합의도출의 주요한 방법론으로 작용하기 때문이다(김영욱, 2006). 과학자의 전유물이었던 위험정보도 공중이 주체성을 가지고 성찰할 때 사회적 제어력을 높여 위험사회의 갈등을 해소하는 데 한걸음 나아갈 수 있다는 것이다.

"사회적 합리성 없는 과학적 합리성은 공허하며, 과학적 합리성 없는 사회적 합리성은 맹목적"이다(Beck, 1986). 즉, 과학을 모르는 관료들만의 과학정책은 무모하고, 철학이나 윤리의식 없는 과학기술은 위험하다는 것이다. 그러나 일반인의 자발적 대응을 통해 위험에 대한 사회적 커뮤니케이션이 활성화되면 과도한 이기주의와 기능주의의 폐해로부터 벗어날 수 있고, 사회차원의 위험문제해결을 위한 진정한 공론장 형성에도 기여할 것이다(김영욱, 2006).

위험평가에 관련된 각 사회주체가 함께 관여하고 이에 대한 양방향 의사소통을 활발히 진행하며 이를 통해 위험인지의 상호간 격차를 줄이고 위험에 대한 실천적 해결방안을 모색하는 시스템으로 위험커뮤니케이션이 주목받고 있다. 위험커뮤니케이션은 세 단계의 진화적 과정을 거쳐 왔다. 첫 번째 단계는 일반인에게 위험가능성에 대한 정보를 전달하고 각 기관들의 위험관리정책을 개인들이 받아들이도록 교육하는 것이 중심이 된 단계이다. 위험커뮤니케이션의 두 번째 발전단계는 설득 및 갈등해소를 위한 양방향 커뮤니케이션

과정이 강조되는 단계이다. 그리고 세 번째 발전단계는 위험과 관련한 공동체 구성원의 신뢰를 증진시키고 대화와 협의를 통한 합의를 도출함으로써 궁극적으로 제도나 기술의 편익을 증진시키는 목적을 갖는 종합적인 커뮤니케이션 전략으로 활용하는 단계이다. 현재 위험커뮤니케이션은 세 번째 단계로 전환되고 있다. 따라서 위험커뮤니케이션은 각 개인이 위험관리와 관련된 지식과 정보를 직접 학습할 뿐만 아니라 위험관리 관련 의사결정 과정에 참여할 수 있도록 구조화되고 있으며 양방향 커뮤니케이션을 통해 신뢰를 확보하고 궁극적인 합의를 도출하는 시스템으로서의 중요성이 강조되고 있다 (김영평, 2006).

사회적 신뢰 증진 수단으로서의 위험커뮤니케이션

위험사회의 본질 중의 하나는 바로 '안전'과 '위험'의 충돌이며, 이로 인한 갈등이 사회문제가 되고 있다. 이러한 위험들은 개인 혹은 조직차원에서 예측치 못한 심각한 위기상황을 초래하는 동인으로 작용하기도 한다.

이렇게 현대사회에서 위기관리에 대한 중요성이 높아지면서 위기 징후를 포착하기 위한 시스템의 구축과 위기를 준비하고 공유하려는 노력이 중요해지고 있는데, 그 핵심에 커뮤니케이션이 자리하고 있다. 총체적인 위기관리 활동이 곧 커뮤니케이션 활동과 연결되기 때문이다. 즉, 위기관리 커뮤니케이션이 요구되는데, 기업·정부에 위기사건이 발생했을 경우 기업·정부와 관련된 다양한 이해관계자 (소비자, 시민단체, 지역주민, 언론 등) 간 커뮤니케이션 과정을 관리하여 사건이 위기로 발전하는 것을 막고 조직의 명성을 방어하기 위한 전략적 커뮤니케이션 과정이 필요하다는 것이다.

결국 위험커뮤니케이션은 '위험사회'의 본질 중 하나인 '안전(safety)'과 '위험(risk)'의 충돌을 완화시켜 이해관계자들의 갈등을 최소화하는 것을 목표로 해야 한다. 대중(여론)과 과학기술적 주제 사이의 커뮤니케이션을 재정립하는 가교 역할을 수행하는 것이다.

이제 위험커뮤니케이션은 사회적 신뢰 증진을 위한 종합적 커뮤니케이션 전략으로 진화한다.

전통적 위험커뮤니케이션의 개념	과학적인 측면에만 집중하여 전문가나 기술자들에 의해 도출된 객관적 위험평가 정보가 일반 공중에게 일방적으로 전달되는 것

$\Downarrow$

상호작용성이 강조된 위험커뮤니케이션 개념	정보의 일방향적 제공만을 의미하는 것이 아닌 갈등해소를 위한 상호작용의 필요성 강조

$\Downarrow$

신뢰증진을 목적으로 하는 종합적 커뮤니케이션 전략으로서의 위험커뮤니케이션 개념	위험과 관련한 공동체 구성원의 신뢰를 증진시켜, 불필요한 오해나 불신을 완화하고, 대화와 협의를 통한 합의를 도출함으로써 궁극적으로 제도나 기술의 편익을 증진시키는 목적을 갖는 종합적인 커뮤니케이션 전략

사회적 신뢰 증진을 위한 위험커뮤니케이션 개념의 진화

위험커뮤니케이션은 기본적으로 공중의 위험인식과 전문가들의 판단 사이에 있는 불협화음과 긴장을 완화할 수 있도록 전문평가자들이 공중과 소통할 수 있는 최적의 방법을 탐구하는 도구로 인식되어 왔다. 위험커뮤니케이션은 개인, 집단, 조직체 사이에 인간과 환경에 관련한 위험의 평가, 극복, 내적 특성에 관해 정보를 교환하고 전달하는 커뮤니케이션 과정(송해룡, 2005)이다.

위험커뮤니케이션의 목적은 다음과 같이 규정된다. 첫째, 특정 대상을 목표로 명확하고 이해하기 쉬운 용어를 사용하여 적절하고 정확한 정보를 제공하는 것, 둘째, 일반대중과의 위험 이슈에 대한 인식 격차 최소화, 셋째, 대중이 이해할 수 있는 정확한 정보전달, 넷째, 기관 역량과 책임감을 기반으로 한 정책 신뢰성 구축 및 강화 등이다.

위험커뮤니케이션의 기능을 정리하면 다음과 같다.

첫째, 교육과 계몽: 대중에게 위험과 이 위험을 처리하는 것에 대한 정보를 제공

둘째, 위험훈련과 행동변화의 권유: 시민들이 위험과 잠재적인 재난을 다룰 수 있도록 도움

셋째, 위험관리와 평가에 책임이 있는 시설들에 대한 신뢰성 증진: 공중에게 현재 존재하는 위험관리기구들이 위험을 효과적이고 공정하게 다룰 수 있다는 확신을 심어줌. 그러나 신뢰는 생산되거나 제공되는 것이 아니라 실제적인 행위로서 쌓이는 것임. 또한 이것은 개인이 가지고 있는 제도에 대한 불신을 공략할 수 있어야 함

넷째, 위험과 관련된 결정들에 참여하게 하고 해결방법에 대한 논쟁을 이끌어냄: 이해관계자와 시민대표들에게 위험을 평가하고 관리하며, 적절한 해결방법을 찾기 위해 논쟁할 수 있는 기회를 제공

8 실천과제

1. 국가 및 시민사회의 역할

사회적 신뢰회복으로 위험사회 치유

위험사회 치유방안은 사회적 신뢰의 회복에 있다. 사회적 신뢰는 개인과 기존의 또는 새롭게 형성되고 있는 그룹과의 관계를 의미한다. 사회적 신뢰는 개인이 심각한 위험을 수반할 수 있는 중요한 프로젝트를 수행할 때 다른 사람들에게 의지하는 상황에서 형성된다. 사회적 신뢰는 사회의 인식자원을 저장하는 수단으로 간주된다. 개인은 스스로 필요를 충족할 수 없기 때문에 자신이 할 수 없는 일들을 다른 사람에게 혹은 시스템과 기관에 의탁해야 한다.

사회적 신뢰를 회복하기 위해서는 개인의 적극적인 참여가 필요하다. 현대사회의 위험을 통제하기 위해서는 사회적 신뢰를 구축할 수 있는 사회의 능력이 중요하다. 그리고 위험통제가 사회적 신뢰를 창출하는 데 도움이 될 수 있어야 한다. 이를 위해 위험을 발생시키는 사회의 다양한 사업의 정당성이 평가되어야 하며, 사업에서 얻을 수 있는 편익도 고려할 필요가 있다.

국가적 차원에서 위험통제 시스템은 트러스트, 즉 상호신뢰에 기반해야 효과를 거둘 수 있다. 상호신뢰 방식에 의한 위험통제는 위험관리 과정에서뿐만 아니라 위험활동의 정당화 과정에서 광범위한 이해당사자들의 참여를 유도한다. 정부가 관련된 폭넓은 이해당사자들의 참여를 통해 위험을 효과적으로 통제하는 것이다.

특히 정부는 위험관리의 공정성을 최대한 유지하기 위해 개인과 사회가 위험을 인내해야 할 당위성과 기준을 마련해야 한다. 예컨대 사회가 허용할 수 있는 위험 영역, 수용 가능한 영역, 널리 수용 가능한 영역 등을 결정해야 한다(EC, 2000).

상호신뢰 패러다임에서는 위험문제를 해결하기 위한 의사결정 과정이 시민에게 열려 있다. 따라서 정부가 시민과 상호작용을 거쳐 위험문제를 해결한다. 전문가들은 위험활동에 관한 다양한 연구결과를 제시하고 토론을 유도하여 문제를 규명함과 동시에 불확실성을 솔직하게 알린다. 이해당사자들은 지역수준 및 국가수준의 논의에 참여하여 공동의 선(善)을 이끌어내는 데 협조한다.

위험커뮤니케이션 거버넌스의 확립

최근 여러 위기상황들이 그 규모와 파급력 면에서 과거에 비해 엄청난 비용손실을 초래하면서, 기업·정부는 위기관리에 대한 중요성을 새삼 절감하고 위기관리 작동 시스템을 사전에 구축하려는 움직임을 보여주고 있다. 하지만 위기관리에 대한 인프라 구축에 앞서 대부분의 기업·정부가 미흡하게 대응하는 부분이 바로 커뮤니케이션 차원의 노력이다. 많은 조직체들이 위기관리의 중요성을 인지하고 시스템을 꾸려놓은 뒤 실행하지 않는 경우가 비일비재하다. 이는 바로 위기관리를 효율적으로 수행할 수 있는 위기관리 커뮤니케이션 시스템을 제대로 갖추지 못하고 있기 때문이다.

기업에게도 위기관리가 중요하지만 무엇보다도 정부차원의 위기관리 시스템 특히 위기관리 커뮤니케이션 시스템을 구축하는 것은 안정된 사회 시스템을 구축하는 데 있어 매우 중요한 부분이다. 정부가 관리해야 할 위기의 차원은 기업이 대응해야 할 위기에 비해 그 스케일도 크며 직간접적으로 얽혀 있는 다양한 이해관계자들을 통제하면서 위기를 해결해 나가야 하기 때문에 더욱 세심하고 철저한 사전준비와 대응이 필요하다.

따라서 정부차원의 커뮤니케이션 전략 지침(매뉴얼)을 준비하여 위기상황을 예방하고 대응하려는 노력이 필요하다고 하겠다. 이를 위해서는 위기관리를 위한 기본원칙이 중요한데, 대표적으로 사전주의(precaution)의 원칙이 그것이다. 실제로 미국이나 유럽 등 모든 선진국들이 보건과 환경관련 문제에 있어서 중요한 원리로 채택하고 있는 원칙이 바로 '사전예방원칙(precautionary principle)'이다. 사전예방원칙이란 보건, 환경, 도덕 등과 같이 국민의 안녕에 직접적인 위험의 소지가 있는 문제들에 대한 법적 행정적 조치를 규제하는 원칙으로서, 그 주된 골자는 바로 '엄청난 대가를 치를 일이라면 살짝 피해가는 게 옳다(an ounce of prevention is worth a pound of cure)', '나중에 후회할 짓은 아예 시작도 말라(better safe than sorry)'라는 격언으로 요약된다. 즉, 어떤 하나의 행동이 만에 하나라도 위험한 상황을 낳을 위험이 있으며(불확실성, uncertainty), 그러한 상황이라는 게 만일 되돌릴 수 없는(비가역성, irreversibility) 성격의 것이라면 공중의 안녕과 행복을 위해 미연에 방지해야 한다는 것이다. 이러한 원칙에 입각하여 선진 각국에서는 이미 정부차원의 커뮤니케이션 전략지침으로써 위기관리 커뮤니케이션에 기반을 둔 다양한 매뉴얼을 운용하고 있다.

일본 후쿠시마 원전사고 상황이 향후 국내 원자력 분야의 대중 커뮤니케이션 증진과 관련발전/기술은 시사점은 매우 크다고 하겠다. 이와 더불어 국내에서도 구제역 파동, 신종플루 사태, 최근 정전대란 등의 非원자력 분야의 위기상황에 대한 대응진단을 통해 다양한 시사점을 도출할 수 있는바, 일련의 국내 위기상황은 비교적 신속하게 상황이 해결된 선례로써 향후 원자력 분야의 위험커뮤니케이션 대응에도 일부분 참고할 수 있을 것이다. 이와 관련하여 국내의 非원자력 분야에서 위험커뮤니케이션 대응방안들이 갖고 있던 공통적인 특징들을 일별해 보면 다음과 같이 정리된다.

우선 국내에서 발생한 위기상황들에서는 공통적으로 사전에 수립된 위기관리 정책의 반영이 비교적 잘 이루어졌다고 평가할 수 있다. 즉, 실제적인 위기상황에서 조직정비, 매뉴얼 구축, 법제도 개선 등에 대한 구체적인 정책방안들이 상황에 따라서 잘 반영되어 비교적 위기대응이 순조롭게 이루어졌다는 것이다. 단순하게 매뉴얼만 만들어 놓는 것이 아니라 위기상황이 급박하게 변화할 때는 이를 변용하여 적절한 위기대응 방안을 내놓을 수 있어야 한다는 것이다.

다음으로 위기에 대응할 수 있는 구체적인 조직이 사전에 구축(예컨대 위기 대응팀과 같은 형태)되어 있었고, 위기상황 시에는 전문적인 위기대응조직으로 변환되어 역할을 충실하게 수행했다는 점이다. 즉, 위기대응을 전담하는 조직, 혹은 부서가 사전에 명확히 구분되어 있었고, 이들 각각의 대응조직들이 어떠한 방식으로 어떻게 위기상황에 대응해야 하는지가 매뉴얼 등의 형태로 구축되어 있어 급박한 위기상황에서 위기를 저감하는 데 상당히 큰 도움을 주었다는 것이다. 다만 우리나라 전체의 위험대응체계의 문제점과도 연관되어 있지만 위기관리 커뮤니케이션만을 전담하여 대응하는 조직이 거의 전무했다는 점은 향후 해결되어야 할 과제라고 하겠다.

여기서 가장 중요한 것 중 하나는 각각의 부처와 조직에서 동일하게 어떠한 위기상황에서도 가장 중요한 이해관계자로 일반국민을 상정하고 이에 대한 구체적인 원칙과 전략을 세우는 것이다. 물론 위기상황에서는 다른 이해관계자들도 중요하게 대응해야 하지만 일반국민들을 대응의 우선순위로 놓는 대응원칙은 실제 발생할 수 있는 국가적인 위기상황을 잘 해결할 수 있는 매우 기초적인 원칙이다. 이를 간과하게 되면 국민들의 적극적인 협력하에 신속하게 위기를 대응할 수 있는 기회를 놓치게 된다.

위험 관련 대중커뮤니케이션 전략

국내에서의 각종 위기대응에 대한 시사점 그리고 일본 후쿠시마 원전사태에서 경험할 수 있었던 시사점들을 종합적으로 반영하여, 향후 일본 원전사태와 같은 상황이 국내에 발생하였을 경우 위기상황을 신속하게 타개할 수 있는 효과적 대중커뮤니케이션 개선방안을 마련할 필요가 있다.

우선 당국의 대중커뮤니케이션 개선을 위한 정책방안이다. 후쿠시마 원전사고의 경우 과학적 합리성에 기반을 두어 사고의 기술적 해결에만 중심축을 두고, 상명하달식 관료주의가 원활한 커뮤니케이션을 방해하여 위기를 더욱 키운 셈이 되었다. 여기에 조직적인 정보은폐와 정보공개의 한 박자 늦은 타이밍 등 위험커뮤니케이션에 있어서 상당히 많은 문제점을 노정하였다. 현실적으로 방사능 물질이 누출되고 인명 피폭 등의 심각한 상황이 발생할 경우 기술적 차원의 위기관리뿐만 아니라 위기관리 커뮤니케이션 차원에서도 신속한 대응이 요구되기 마련이다.

이에 당국에서는 첫째, 향후 발생할 수 있는 심각한 위기상황을 고려한 대응원칙의 우선순위와 세부원칙을 결정해서 원자력 위기상황에서 전전긍긍하는 모습을 보여서는 안 될 것이다. 방사능 물질의 누출 등 일촉즉발의 상황에서 정부의 미흡한 대처와 대응은 국민의 불안감을 조성하고, 위기를 걷잡을 수 없는 상황으로 증폭시킬 수 있기 때문이다. 따라서 위기에 대한 대응원칙을 우선적으로 세워야 하는바, 원전당국이 모든 역량을 총동원해서 최대한 사고에 빠른 대응을 하고 있다는 것을 국민들에게 보여줄 필요가 있으며, 여기에 덧붙여 발생한 재산손괴 및 피폭자 등의 인명피해에 대한 유감의 표현과 함께 피해보상 등 구체적인 대응방안도 신속하게 마련해야 할 필요가 있다.

둘째, 국민에게 상황에 맞는 적절한 대응 메시지를 제공하여 신뢰를 가지고 위기상황을 타개하도록 노력해야 한다. 위기상황에서 원전당국이 직접 혹은 언론 등을 통해 제공하는 메시지는 국민을 불안감에 떨게 할 수도 있고, 반대로 신뢰감을 높여 위기해결에 있어서 중요한 돌파구를 마련할 수 있는 핵심동인이 될 수도 있다. 따라서 원전당국에서는 현재 처한 위기상황을 빠른 시일 내에 해결할 수 있는 메시지를 신속하게 준비하여 단일 소통창구(여러 명이 아닌 한 명의 대변인 등)를 통해서 지역민과 국민에게 전달해야 하며, 이는 위기를 정면으로 돌파할 수 있는 가장 중요한 전략으로 볼 수 있다. 사태가 어느 정도 진정될 기미를 보이면 기존에 지니고 있던 대중과 국민과의 좋은 관계를 부각(만일 그러하지 못했다면 미래지향적인 측면을 부각)시켜 빠른 시일 내에 위기상황을 돌파할 능력이 있음을 각인시킬 필요가 있다.

셋째, 정보를 은폐하고 있거나 신속하게 제공하고 있지 못하다는 인상을 타개하기 위해서는 조직 내부의 커뮤니케이션 시스템에 대한 재정립이 필요하다. 일본의 사례에서도 총리가 사고의 심각성을 언론미디어를 통해서 인식한다든지, 도쿄전력에서 이미 알고 있는 정보도 사고은폐를 위해서 국민에게 알리지 않는 등의 상황이 다수 발생하였다. 이는 무엇보다도 일방향적이고 위계를 중시하는 관료조직의 커뮤니케이션 문화에 기인한 바 크다. 원자력과 같은 거대기술을 담당하는 위기대응 조직에서는 신속하고 정확한 커뮤니케이션이 상황의 급변성을 잠재우는 데 있어 큰 기여를 한다. 우리의 경우에도 경직화된 관료문화가 상당부분 개선될 필요가 있다. 물론 심각한 사태에서의 중요한 결정은 최고책임자의 일관된 지시에 의해 움직여야 하겠지만, 위기대응 커뮤니케이션은 지위고하를 막론하고 빠르고 격의 없이 소통하는 것을 원칙으로 삼아야 할 것이다.

마지막으로, 이해관계자들과의 위험커뮤니케이션을 중요하게 생각해야 할 것이다. 무엇보다도 위험커뮤니케이션은 일반 대중들로부터의 신뢰확보뿐만 아니라 위험잠재성이 있는 문제의 발견과 예방을 촉진시킨다. 신종플루, 광우병 파동 등의 사례에서 보듯이 전문가의 지식과 믿음을 흔드는 일련의 사건들이 일어나면서 기술적, 사회적, 심리적 위험에 대한 민감성을 반영하고 있는 일반국민의 위험에 대한 반응이 더욱 중요해지고 있는 것이다. 이를 위해서는 공개성, 투명성, 참여 등 다양한 의견이 보장되는 민주적이고 양방향적인 커뮤니케이션이 이루어져야 하는바, 현행 전문가 중심의 위험거버넌스의 패러다임 변화가 요구된다. 이에 대한 구체적인 부분은 뒷부분의 시민사회와의 역학관계 부분에서 언급할 것이다.

최근 미디어기술의 발전이 급속하게 진전되면서 매스미디어의 시대에서 소셜미디어의 시대로 진화하고 있음이다. 그동안 TV와 신문 등 전통적인 매스미디어가 국민들의 의제설정과 정보의 확산에 기여했다면, 이제는 온라인과 모바일을 통한 정보의 생산과 확산이 특정 언론미디어가 아닌 개인들에 의해 손쉽게 일어나고 있음이다. 스마트폰의 확산으로 이러한 경향은 더욱 커지고 있다. 이에 후쿠시마 원전사고와 같은 심각한 원자력 위기상황에서 관련정보를 가장 신속하게 제공하고 수렴할 수 있는 채널로 여전히 미디어를 우선순위에 둘 수밖에 없는바, 기성 언론미디어에 대한 대응은 물론 새로운 파워 미디어로 성장한 트위터나 페이스북 등으로 대변되는 SNS에 대한 대응인식도 새롭게 지닐 필요가 있다. 우선 위기극복을 위해서는 기성언론 미디어를 중요한 파트너로 여기되, 선정성 있는 보도와 근거 없는 루머확산 등을 막기 위해서는 위기상황 속에서도 지속적인 언론 모니터링과 함께, 평소 언론 미디어와의 관계를 긍정적으로 유지할 필요가 있다. 최근 각 언론 미디어마다 과학 전문기자를 채용하는 등 과거에 비해서 기자들의 전문성이 향상되고는 있지만 여전히 기자들의 전문성이 부족하다는 비판을 듣고 있다. 따라서 언론미디어에 종사하는 기자들이 원전의 구조나 방사능의 영향 등에 대한 올바른 인식과 전문적인 지식을 갖출 수 있도록 위탁교육 혹은 전문기자 연수제도 등의 프로그램을 운영해 위기상황에서도 이들 기자들이 정확한 정보를 미디어에 싣도록 유도하는 노력들이 요구된다.

다음으로 우리 사회의 새로운 파워미디어로 성장하고 있는 SNS에 대한 인식도 새롭게 지닐 필요가 있다. SNS는 이제 우리 사회의 정치, 경제, 사회, 문화 등의 다방면에서 강력한 영향력을 미치고 있다. 이번 후쿠시마 원전사고에서도 일본 내에서 지역주민들에게 위험정보를 제공하는 데 있어 큰 영향력을 미치기도 했지만, 국내에서는 오히려 근거 없는 소위 '원자력 괴담'이 횡행하는 등 역기능도 일부 발견된 바 있다. 최근 세계 각국에서도 원자력의 위험관리에 있어서 SNS의 중요성에 대한 논의가 점차 수면 위로 부상하고 있다. 한국사회에 있어서 SNS는 이제 위험관리에 있어서도 중요한 위치를 갖게 될 것으로 예측된다. 실제로 광우병 사태, 최근의 정전대란까지 위험에 대한 정보와 피해상황 그리고 공론장 형성까지 SNS가 매우 중요한 역할을 했음을 주목할 필요가 있다. SNS에서 증폭되는 여론을 무시하고 과학적인 논리만으로 대중을 설득하는 것이 이제는 쉽지 않게 되었다. 따라서 원전당국에서도 SNS의 파급력에 대한 인식을 새롭게 할 필요가 있으며, 설득과 소통의 공간으로써 SNS를 활용할 전략적 지침을 마련할 필요가 있다. 물론 SNS상에서 근거 없이 퍼지는 루머와 잘못된 정보에는 단호한 대처가 요구되는 바이다. SNS가 지닐 수 있는 명(明)과 암(暗)을 모두 양면적으로 다룰 수 있는 인력과 시스템이 필요할 것이다.

마지막으로 대중 그리고 시민사회와의 역학관계에 대한 새로운 인식도 요구된다. 앞서 후쿠시마 원전사고에서 수동적으로만 정보를 받아들였던 국민의 태도에 대한 비판을 한 바 있다. 하지만 근원적으로 논의하자면 이는 현행 위기상황에서의 원자력 위험커뮤니케이션에 있어서 대중의 참여가 쉽지 않은 구조에 기인한 바 크다. 즉, 그동안 국민은 홍보의 대상이었지 위험관리 정책에서 중요한 주체로써 고려되지 않았다는 것이다. 현재 우리나라 원전의 사고고장 대응체계에서도 '교과부-한국원자력안전기술원-원전운영자-IAEA'의 대응 연결망 속에서 대중의 참여는 거의 배제되어 있다. 대중은 언론 미디어 그리고 SNS 등의 미디어를 통해서만 정보를 제공받고, 이를 공유할 뿐이다.

물론 촌각을 다투는 원전사고 상황에서 일반대중의 의견을 수렴하고 의사결정에 참여시키는 것은 물리적으로 어려운 일이다. 따라서 非사고상황에서도 지속적으로 전문가들의 지식을 제공하고 시민의 지식(원자력에 대한 인식과 의견)을 수렴할 수 있는 공론의 장을 마련할 필요가 있는바, 원자력 정책수립 및 원전시설 건립과 관련한 시민참여프로그램, 원자력의 치명적인 위기상황을 가정한 지속적인 대응프로그램 운영 등을 포괄한 대중과의 양방향성, 민주성, 개방성 등을 지향하는 새로운 위험커뮤니케이션 거버넌스를 현실화할 필요가 있다.

개인의 적극적 참여와 집단지성 발휘

한 손에는 촛불, 또 다른 한 손에는 캠코더 혹은 디카를 들고 광장을 누빈다. 무선인터넷이 가능한 노트북으로, 휴대전화 영상으로 현장을 생중계한다. 스스로를 취재한, 편집되지 않은 '생' 영상이 온라인에서 그대로 중계되고 네티즌은 실시간으로 그 상황을 목격한다. 길거리 저널리즘, 모바일 저널리즘이다. 휴대 저널리즘, 1인 저널리즘이다.

촛불이라는 메시지가 사람이라는 미디어를 통해 온라인과 오프라인을 자유자재로 넘나든다. 2008년 여름, 대한민국의 풍경이다. '미친 소' 사태가 만들어낸 가히 혁명적 미디어 현상이다. 새로운 신드롬이요, 새로운 패러다임이다. 참여·공유·개방의 2.0이념을 직접 체험하고 있음이다.

촛불집회는 그야말로 미디어적 사건이다. 촛불집회 내내 거리에선 캠코더와 디지털 카메라, 휴대전화 카메라를 든 시민들이 독립적 미디어의 역할을 하며 기성언론에 뒤지지 않는 취재의 힘을 보여준다. 1인 미디어들은 제도권 언론이 외면해 왔거나 접근하기 힘든 현장의 사각지대를 생생하게 전하며 기성언론을 압도하기에 이르렀다.

이처럼 웹2.0의 참여형 인터넷문화가 여론의 흐름을 정반대로 바꿔놓는 현상이 발생하고 있다. 개방된 플랫폼을 통해 이용자 스스로 참여와 소통을 활성화하고 새로운 콘텐츠까지 생산해내는 2.0미디어 지형인 것이다. 2.0미디어 지형은 아날로그 언론권력의 쇠락을 이끌고 있다. 디지털 카메라와 휴대전화, 컴퓨터를 일상적으로 지니고 다니는 디지털 시민이 보수언론의 거짓을 찾아내 바로잡고 있다.

그 역겨운 왜곡을 견디지 못한 시민들이 '조중동 퇴출'을 외치고 있는 것이다. 디지털 시민들이 새 시대를 열고 있음이다.

언론은 통제나 관리의 대상이 아니며 이제는 권력자가 원한다고 해도 그렇게 될 수 없다. 그러기에는 시민들이 갖고 있는 정보채널과 미디어가 너무 많고, 다양하고, 빠르다. 아고라를 통해 등장한 시민 저널리스트들은 재치, 발랄함을 무기로 전통적 저널리즘의 규범을 해체시키며 전면으로 부상하고 있다. 그동안 지배언론의 커뮤니케이션이 민중의 삶과 거리가 있었던 반면, 아고라에 등장하는 언어는 개인들의 삶과 긴밀하게 연결되어 있다.

기성언론을 통해 일방적으로 정보를 수용하던 개인들은 촛불집회를 거치며 스스로 언론이 되는 동시에, 자신이 확보한 정보를 근거로 기성언론 보도를 평가하는 상황에 이르렀다. 보이지 않는 사실, 진실이 따로 있음을 알게 되었다. 보수언론이 알려주지 않는 팩트가 있음을 직접 경험하게 된 것이다. 이제 기성언론은 정보의 정확성과 공정성을 놓고 타 언론사가 아닌 개인과 경쟁해서 이겨야 생존할 수 있는 시대를 맞이했다.

이제는 정말 모두가 기자이다. 시민이 기자이고, 세상이 바로 미디어인 것이다. 기자와 취재원의 역할 구분이 무너졌다. 시민 기자는 스스로를 취재한다. 무엇이나 미디어고, 어디서나 미디어이며, 누구나 미디어인 시대가 온 것이다.

인터넷은 이른바 시민참여 저널리즘으로 인해 과거와 같은 단순한 뉴스 수용자에만 머무르지 않고 창조적인 생산자로서의 지위를 갖게 해준다. 시민의 참여는 제보나 고발에 의해 의제가 형성된다는 점에서 참여채널이 확대되고 네트워크에서 정보공유, 표현의 자유는 강화된다.

이는 전통적으로 소수에 집중됐던 언론권력이 다수의 시민에게 분산되는 과정이다. 이번 촛불집회 과정을 통해 이제 시민은 뉴스를 일방적으로 소비하는 것을 넘어 직접 뉴스가 되고 뉴스를 생산하기도 하면서 새로운 패러다임을 만들어내고 있다.

2.0세대는 월드컵을 겪으면서 광장의 문화를 경험했고 인터넷에 익숙해 자신의 의견을 표현하고 포털뉴스 등을 자신의 미니홈피나 블로그로 퍼가거나 링크를 걸고 다른 사람과 공유하는 것이 자연스러운 세대다. 기성세대와 뉴스를 소비하는 방식이 다르다는 것이다. 정보의 채널이 잘게 쪼개져 분산되어 있는 것처럼 보이지만 네트워크 법칙에 따라 링크를 타고 넘으면서 유용한 콘텐츠가 선별되고 제곱의 비율로 확산된다. 완전 공개경쟁시장이기 때문에 오히려 주류 언론 못지않은 강력한 영향력을 갖게 된다.

인터넷 안에서 뉴스는 그 형식에 얽매이지 않는다. 또한 사실의 정확성, 의견의 진실성은 글 자체, 댓글 하나를 통해 규명되지 않는다. 무수하게 많은 사람이 반박하고 주장하면서 사태의 진실성에 다가간다. 주류 언론의 보도는 전문적 식견을 갖춘 기자에 의해 보장되는 것이지만, 인터넷의 진실은 집단지성과 집단적 참여에 의해 확보되는 것이다.

우리는 좀 더 비판적인 정보이용자가 되면 될 뿐이다. 인터넷 공간은 그 속성상 때때로 조작되거나 왜곡된 정보에 의해 휘둘릴 여지가 없지 않다. 허나 그러한 경우에라도 시민들은 스스로 증거를 찾아내고 토론을 거쳐 사실 여부를 규명한다. 시민의 소통을 통해 진실은 그 모습을 드러낸다. 집단지성의 힘이 발휘되는 것이다.

커뮤니케이션 합리성 기반 상호신뢰 패러다임 구축

위험관리에 있어서 안전을 위한 기술적 접근뿐만 아니라 원활한 위험의사소통을 위한 사회적 접근의 중요성이 점점 더 커지고 있을 뿐만 아니라, 관리의 기본적 철학에 있어서도 도구적 합리성(Instrumental rationality)보다는 커뮤니케이션적 합리성(Communicative rationality)의 중요성이 부각된다.

위험치유를 위한 의사소통 활성화는 위험커뮤니케이션이 수반됨으로써 효과를 발휘하게 된다. 위험의사소통은 다양한 사회집단 간에 위험의 크기와 성격, 의미, 대응방안 등에 관한 인식을 공유하고자 하는 노력이나 과정을 의미한다. 이에 위험커뮤니케이션에 있어서 다양한 행위자들이 참여한 참여커뮤니케이션 모델을 구축함으로써 가능하다.

우선 위험의 공급자(전문가, 정부)가 변화해야 한다. 대중은 위험에 대해 비합리적이거나 잘못된 인식을 가진 것이 아니라 '다르게' 인식하고 있으며, 과학자들은 그들의 인식방법을 이해해야 한다. 대중은 설득의 대상이 아니라 위험문제를 같이 풀어나갈 파트너로 인정되어야 한다. 상호이해의 기반을 위해 과학자들과 대중이 자주 직접 만나 대화를 나눌 수 있는 기회가 마련되어야 하며, 정보는 필요한 시점에 필요한 내용이 공개되어야 한다. 정보화시대 인터넷은 위험커뮤니케이션의 훌륭한 미디어로써 활용될 수 있다.

결과적으로 위험에 관한 커뮤니케이션은 상호신뢰 패러다임의 맥락에서 이루어져야 한다. 사회적 신뢰의 바탕이 형성되지 않은 상황에서 일방적인 의사소통은 그 효과가 미약하기 때문이다.

홀로 밤거리를 걷기가 두려운 것은, 혹시 강도를 만날지도 모른다는 두려움 때문이다. 두려움의 원인은 실제 강도가 우글거려서가 아니라, 행여나 있을지도 모를 그런 '보이지 않는' 존재 때문일 것이다. 광우병 소동이 바로 그러하고, 휴대폰 전자파 이슈 역시 같은 맥락에 놓인다. 경찰이 나서서 강도는 없으니 안심하고 다니라고 목소리 높인다고 해서 불안이 해소되는 것은 아니다. 강도로 인한 사건이 일어나지도 않았는데 웬 호들갑이냐며 시민의 무지몽매함에 안타까워할 일이 아니다. 사건이 발생해야 비로소 위험하다는 것을 인정하겠다는 건가. 그렇다고 밤거리가 위험함을 시민에게 증명하라 할 수는 없는 법이다. 그럼 경찰이, 국가가 존재할 이유가 없다.

안전하다는 확신이 들 때에야 비로소 밤거리 산책은 가능하다. 밤거리 안전에 대한 믿음은 그 공간에 대해 모든 정보가 제공되어 안전함이 공개적으로 인정되었을 때에야 완성되는 것이다. 어떤 위험 이슈가 되었건 모든 정보를 공개하고 누구나 참여해 대화할 수 있어야 한다. 신뢰는 바로 거기서부터 시작되는 것이다.

2. 언론의 역할

위험의 정보원은 개인의 경험, 다른 사람과의 직접적인 접촉활동, 간접적 접촉 즉 미디어를 통한 접촉 등 세 가지 차원으로 유형화되는데, 오늘날 가장 강력한 정보원은 미디어를 통한 접촉 즉 미디어가 매일같이 제공하는 상징환경이다. 따라서 미디어 수용자의 위험에 관한 지식 나아가 태도 역시 미디어가 일상적으로 보여주고 묘사하는 상징환경에 영향을 받는다.

위험과 관련하여 미디어의 역할은 특히 중요하다. 언론은 특정한 사건에 대해 공적 의미를 부여하는 강력한 힘을 가진 사회제도이기 때문이다. 미디어는 위험과 연관된 직접적인 정보를 제공하면서 대중이 현재 발생하고 있는 위험사안을 접하게 되는 가장 용이한 경로가 되고, 위험을 알리는 경보시스템으로서의 역할도 수행한다. 특히 미디어 보도의 양적인 크기는 대중의 잠재적인 태도와 감성을 자극한다.

위험정보원으로서의 언론의 역할 및 문제점

위험커뮤니케이션에서 미디어의 역할은 매우 중요하다. 위험인지(perception)는 '개인의 경험', '다른 사람과의 직접적인 접촉활동', '미디어에 의한 간접적 접촉'과 같은 세 가지 요인(source) 가운데 하나를 통해서 이루어진다. 이 중 미디어의 영향력을 보면 특정한 사건들에 대한 위험정보는 미디어를 통해 전달되며, 특정 종류의 재난에 대한 지식과 이에 대한 태도까지도 신문보도의 영향을 받는다는 사실을 알 수 있다(Singer & Endreny, 1993/2003). 미디어는 위험에 연관된 직접적인 정보를 제공하면서 대중이 위험사안을 접하는 가장 용이한 경로가 되기도 하며, 위험을 알리는 경보시스템으로서의 역할도 수행한다. 위험보도에서 미디어는 어떠한 힘을 갖게 되는데, 첫째, 위험을 정확하게 묘사하는 힘, 둘째, 불필요하게 대중을 공포에 빠지게 하는 힘, 셋째, 실제적인 위험을 무시하거나 경시하는 힘이다(Willis & Okunade, 1997/2006). 이러한 미디어의 묘사는 국지적으로 발생하는 재앙을 전 세계에 전달함으로써 위험에 대한 공포감을 불러일으키는 데 영향을 준다. 수용자의 위험에 관한 지식, 더 나아가 위험에 대한 태도 역시 미디어 보도에 의해 영향을 받는다. 이에 따라 미디어는 사람들의 주의를 끌기 위해 위험의 강제적 본성을 이용할 수 있다. 뉴스거리가 될 만한 절박한 위험을 만들기 위해서 경고의 정도가 과장되기도 한다(송해룡 외, 2012). 기본적으로 미디어는 새롭게 발견한 위험을 대중에게 알리는 역할을 하지만, 위험사안에 대해 구체적이고 정확하게 밝히고 사실을 확인해주는 역할도 있다. 이때 미디어는 전문가를 필요로 한다. 하지만 기자들은 여러 정보원을 통해 제공받는 정보들 가운데 주로 정부의 발표를 주된 정보원으로 삼는다(송해룡, 2012).

현대사회에서 예측되는 위험 또는 일상에 숨겨져 있는 위험들에 대해 미디어는 끊임없이 발견하여 일반대중에게 알린다. 미디어는 자동차사고, 기술결함사고, 환경파괴, 위협적인 기후 환경변화, 원자력, 유전자조작에 관한 기사를 톱기사로 장식한다. 기자와 전문가들에 의해 위험에 대한 지식이 끊임없이 만들어지고 미디어를 통해 전달됨으로써, 미디어 수용자들은 위험에 대한 자각을 일깨우는 많은 이미지와 언어들로 상시적으로 둘러싸이게 된다. 한편 언론은 자신들이 운영하는 미디어에 대해 수용자들의 이목을 끌고 위험에 대한 보도를 활용한다. 뉴스거리가 될 만한 절박한 위험을 만들기 위해서는 경고의 정도가 과장된다. 특히 미디어를 통해 (광우병과 같은) 사회적 위험 이슈에 대한 불확실성과 통제 불가능한 위험성에 대한 공포가 확산되면 대중은 당면한 위험에 대해 직관적 판단에 따라 '분노'라는 형태로 감정을 표출하게 된다. 이러한 '분노' 표출의 원인은 언론에게도 있다. 언론의 위험보도가 (사건) 중계식 보도, 선정적 보도, 감정적 보도에 치우치고 있기 때문이다.

작금의 언론의 위험보도에 관하여 다음과 같은 비판이 이루어지고 있다. 첫째, 미디어는 위험 자체를 보도하지 않고 그 피해에 대해서만 보도한다. 즉, 절대적 정보의 부재상황에서 언론인들은 스스로 복잡한 정보를 해석하기보다는 피해주민들의 현황이나 피해상태를 중점적으로 알린다. 둘째, 미디어는 학술적으로 산정된 위험에 정치사회적인 과정을 접목시키며, 별로 중요하지 않은 위험에 관해서는 빈번히 보도하고, 이와 반대로 중요한 위험은 드물게 보도한다. 셋째, 기자는 보도를 할 때 특정한 연출가의 모습을 취한다. 이처럼 위험을 사건사고 각도에서만 취급하는 것은 많은 재난에 내포된 구조적인 문제점을 비켜가게 한다. 사회적 위험을 단순 사건사고로 취급하는 것은 심도 있는 정치적 논쟁의 장으로 유입되는 것을 막고 대신 기술적인 문제로 전락시킨다.

위험보도의 방향성 모색

위험과 갈등이 존재하는 상황 속에서 미디어는 정확한 정보를 제공하고 건강한 합의와 사회적 수용을 이끌어낼 수 있는 위험커뮤니케이션의 중요한 주체로서 역할을 요구받게 된다. 위험은 사회적 논쟁을 야기하는 갈등사안으로도 볼 수 있는데, 언론이 사회갈등을 보도할 때 가장 중요한 것은 공정성 혹은 균형성, 불편부당성이다. 대립되는 의견이나 이해관계가 존재하는 경우, 그 어느 편으로도 치우치거나 배제하지 않고 두루 다룸으로써 진실에 다가가야 한다. 그러나 한국언론의 보도행태는 우리 사회의 다양한 갈등을 제대로 다루지 못하고 있으며 적어도 균형적인 시각을 보여주거나 저널리즘 원칙에 충실한 보도를 하지 못하고 있다. 분출하는 사회갈등을 한국의 언론이 어떤 식으로 접근해야 하는지 또는 그에 대해 어떠한 실천적인 기준이나 합의가 마련되어야 하는지 매우 절박하다(이승선, 2012). 이는 위험보도에도 적용될 수 있다. 특히 언론이 취하는 보도프레임은 사회 전반에 걸쳐 폭넓은 영향을 미칠 수 있기에 언론은 위험 사안에 대해 더욱 조심스럽게 접근할 필요가 있다(Willis & Okunade, 1997/2006).

유럽과 미국에서는 위험보도에 관하여 다음과 같은 비판이 이루어지고 있다. 첫째, 미디어는 위험 자체를 보도하지 않고 그 피해에 대해서만 보도한다. 둘째, 미디어는 학술적으로 산정된 위험에 정치사회적인 과정을 접목시키며, 별로 중요하지 않은 위험에 관해서는 빈번히 보도하고, 이와 반대로 중요한 위험은 드물게 보도한다. 셋째, 기자는 보도를 할 때 특정한 연출가의 모습을 취한다(송해룡, 2012).

국내 위험보도가 어떠한 사건발생 당시에만 집중되어 소나기 형태로 보도되며 지속적인 보도가 이루어지지 못하고 있음을 확인할 수 있었다. 정부 및 지자체의 발표와 감사내용을 전달하는 이벤트성 보도는 성공적인 위험커뮤니케이션에 있어서 적합하지 못한 보도행태로 보인다. 특히 국내언론의 위험보도에서 스트레이트형의 기사가 주를 이루는 반면, 심층보도가 적어 단순한 사실 및 정보를 전달하는 피상적 보도에 그치면서 심도 있는 논의로 이어지지 못하였다. 위험커뮤니케이션의 핵심요인인 언론보도가 주체적으로 지속적인 커뮤니케이션을 이루어가기 위해서는 국내언론이 앞서 제시한 한계를 보완하려는 노력이 필요하다.

뉴스 정보원의 유형은 다양화되어 각계의 목소리를 반영하고 있지만, 여전히 특정 정보원에 집중적으로 편향되는 모습을 보이고 있다. 이에 따라 뉴스 프레임 역시 뉴스 정보원의 영향을 받고 있다는 것을 추론할 수 있다. 뉴스 정보원의 제한 문제도 심각하다. 특히 위험보도의 핵심 뉴스 정보원인 과학적 또는 의학적 전문지식을 갖춘 '전문가'의 활용이 부족하기에 심층적인 보도가 이루어지지 못하는 한계가 지속되는 모습을 보인다. 언론에서 활용하는 뉴스 프레임의 차이는 언론사에 내재된 성향 및 관점에 따라 달라질 수 있다.

정부와 지방자치단체라는 뉴스 정보원의 빈번한 활용으로 뉴스보도에서 이와 관련된 '대응·대처 프레임' 뉴스 프레임으로 가장 많이 활용되는 결과로 이어졌다. 이러한 위험보도는 각계각층의 입장을 뉴스보도에 반영하지 못하고 정부의 입장만 대변한다는 비판을 받을 수 있기에 앞으로 국내언론이 이러한 문제를 보완하는 노력 역시 필요하다.

위험커뮤니케이션은 위험과 관련한 제 행위자 간에 가정된 피해, 즉 위험요인에 대해 인식을 공유하는 커뮤니케이션 과정으로 규정된다. 커뮤니케이션 과정에서 관련정보 및 의견은 언론이라는 매개를 통해 소통된다. 따라서 미디어는 우리 사회 위험커뮤니케이션 채널로써 창조적 역할을 수행해야 할 것이다.

언론은 위험 이슈에 대한 틀을 잡는 것부터 해당 위험의 영향을 모니터링 하는 것까지 위험 이슈의 전반적인 흐름에 관여해야 한다. 위험의 맥락을 짚어 위험이 야기할 수 있는 피해 및 갈등상황을 점검해야 한다. 위험의 프레이밍을 잡고 위험사례를 객관적으로 평가해야 하며, 위험관리의 중심에 있는 사람들이 무슨 일이 일어난 것인지, 어떻게 연관되어 있는지, 어디에 참여해야 적절한 것인지, 그들의 책임이 무엇인지를 이해시키도록 해야 한다. 또한 위험평가와 위험관리 또는 처리과정에 직접적으로 참여하지 못하는 대중이 관련정보를 얻고 관여할 수 있도록 해야 한다. 위험보도와 관련미디어의 궁극적인 목적은 위험평가 결과와 위험을 다루는 결정에 대한 합리성을 온전히 이해하는 속에서 이해관계자들을 지원하는 것이다. 그리고 전문가 및 대중이 각자의 관심사와 가치의 관계들 사이에서 실제적인 증거를 반영하여 합리적인 판단을 내릴 수 있도록 돕는 것이다.

위험 이슈에 대한 언론의 역할은 위험사례를 보도하며 그 원인을 분석하는 데만 한정되어 있는 것이 아니라 발생 가능한 위험 이슈의 문제점을 예견해 '사회적 긴장도', '창조적 긴장도'를 높이는 데 있다. 즉, 특정한 위험에 대한 정보를 제공하는 보도기능뿐만 아니라 경고·계몽의 기능과 방재기관으로서의 역할이 보다 비중 있게 고려되어야 하는 것이다.

오늘날 우리 사회가 미증유의 분열과 갈등에 휩싸여 있는 상황에서 언론이 이를 해결하려는 것이 아니라 오히려 부추기는 원인이 되고 있다면 문제일 것이다. 경우에 따라서는 이러한 분쟁과 갈등이 언론사의 사세와 시장확장을 목적으로 이루어지고 있는 측면도 없지 않은데 해당 언론사로서는 이익과 손실이 엇갈리는 중요한 문제가 되겠지만 전체 언론의 역할과 기능에 관계가 있다면 개별 언론사의 이해만 내세울 수 없는 측면이 있다는 것을 생각하고 고민해야 할 것이다.

사회적 갈등이슈와 관련해서 방송은 사회구성원 모두의 공감을 얻고 공통의 목적에 따르는 해결책을 모색할 수 있도록 정확하고 균형 있는 현실인식을 만들어줄 필요가 있다. 그러기 위해서는 갈등을 증폭시킬 수 있는 사안에 대한 뉴스보도에서만큼은 주장과 관점을 배제하고 사실을 있는 그대로 보여줄 수 있는 객관적 시각을 유지해야 할 것이다. 그래서 자신에게 유리한 쪽만을 바라보고 기사화하여 절반의 진실(half-truth)을 반영하는 데 그치지 말아야 할 것이다.

뉴스보도에 있어서 한 걸음 뒤로 물러나 조금 더 객관적이고 냉정한 관찰자로서의 시각을 되찾는 것이 곧 균형 있는 뉴스보도를 할 수 있는 최선의 방법이다. 지나친 과잉주장, 과잉의견을 자제하고 조금씩 절제하여 사실에 더욱 가까이 가는 것이 향후 갈등이슈를 다루는 우리 언론에게 필요한 처방전이다.

참고문헌

강윤재(2011), 「원전사고와 민주적 위험거버넌스의 필요성」, 『경제와 사회』, 2011년 가을호, 통권 제91호.

과학기술부(2000), 「원자력사업의 국민수용성 결정요인에 대한 연구」.

권헌영(2001), 「인터넷상 불법정보에 대한 사업자 규제」, 정보통신윤리 학술포럼 발표문.

기상청(2011), 『지역기후변화정보 어떻게 활용해야 하나: 기후변화적응정책 수립에 대한 제언 중심』.

김대환(1998), 「돌진적 성장이 낳은 이중 위험사회」, 『계간 사상』, 가을호, 26~45.

김도승(2009), 「사이버위기 대응을 위한 법적 과제」, 『KISDI 방송통신정책』, 제21권 17호 통권 470호.

김문일(1998), 「정보화사회에 있어서의 컴퓨터범죄와 그 방지대책에 관한 연구」, 중앙대 박사논문.

김세은·이승선(2012), 「사회갈등과 미디어」, 『한국방송학보』, 26권 5호, 7~43.

김양은(1996), 「국내 위험커뮤니케이션 연구의 경향분석: 위험커뮤니케이션에 대한 이해와 국내 연구경향 분석」, 『언론연구』, 5호, 중앙대학교 언론연구소, 147~181.

김영욱(2008), 『위험, 위기 그리고 커뮤니케이션』, 이화여자대학교 출판부.

김영욱(2006), 「위험사회와 위험커뮤니케이션: 위험에 대한 성찰과 커뮤니케이션의 필요성」, 『커뮤니케이션이론』, 2권 2호, 192~232.

김영평·최병선·소영진·정익재(1995), 「한국인의 위험인지와 정책적 함의」, 『한국행정학보』, 23권 3호, 935~954.

김영평(1995), 「한국인의 위험인지와 정책적 함의」, 『한국행정학보』, 23권 3호, 935~954.

김원제(2003), 「한국사회 위험의 특성과 치유」, 『사회연구』, 제5호, 169~196.

김원제(2006), 『기업의 지속가능경영을 위한 위기관리 커뮤니케이션 연구』, BSID전략보고서, 대한상공회의소 지속가능경영원.

김학성(1995), 「산업사회와 위험사회; 울리히 백(Uleich Beck)의 위험사회론을 중심으로」, 『황해문화』, 제7호, 112-136

김학수(1993), 『한국 과학기술의 대중화정책 연구』, 일진사.

김한균(2012), 『후기현대사회의 위험관리를 위한 형법 및 형사정책연구: 현대과학기술사회 위험관리 형법 및 형사정책의 체계와 원리』, 경제 및 인문사회연구회 협동연구 총서.

박방주(2012), 「방사선의 대국민 인식도 분석: 일본 후쿠시마 원전사고 1주년 계기」, 『방사선방어학회지』 37(1), 1~9.

보건복지부·질병관리본부(2012), 『2012년 감염병 감시연보』.

사이버테러대응센터(2014), "사이버범죄란?", http://www.ctrc.go.kr/

삼성경제연구소(2010), 『기상이변의 경제학』

삼성경제연구소(2013), 「가시화된 기후변화와 리스크 대응」, 『CEO Information』.

서보윤(2006), 「디지털 위험커뮤니케이션에 관한 연구」, 중앙대 박사논문.

소방방재청·중앙안전대책본부(2012), 『재해연보 2012.』

소영진(2000), 「원자력기술의 사회적 수용성에 대한 영향요인 분석」, 한국행정연구원, 『국민의 원자력 수용성 증진을 위한 워크샵 발표논문집』.

소영진(2000), 「위험 의사소통의 제도화 방안」, 『사회과학』, 성균관대 사회과학연구소.

손기윤(2000), 「원자력에 대한 일반대중의 인지위험도를 고려한 의사결정 모델 개발」, 서울대 박사논문.

송해룡(2003), 『위험보도론』, 커뮤니케이션북스.

송해룡(2012), 『위험커뮤니케이션』, 성균관대학교 출판부.

송해룡(2013), 『위험거버넌스와 위험커뮤니케이션』, 한국학술정보.

송해룡·김경희(2012), 「'위험'에 관한 인문학적 고찰: 루만의 커뮤니케이션 이론을 중심으로」, 『헤세연구』, 27집, 187~202.

송해룡·김원제(2005), 『위험커뮤니케이션과 위험수용』, 커뮤니케이션북스.

송해룡·김원제(2012), 「원전주변 지역주민의 위험지각이 위험태도와 위험수용에 미치는 영향」, 『한국콘텐츠학회논문지』, 12(6), 238~248.

송해룡·김원제(2013), 『위험커뮤니케이션의 이론과 실제』, 한국학술정보.

송해룡·김원제·허인서(2005), 「국내 일간지의 위험 관련 보도 경향에 관한 연구」, 『커뮤니케이션학 연구』, 제13권 1호, 210~236.

송해룡·조항민·이윤경·김원제(2012), 「위험커뮤니케이션의 개념화, 구조

분석 및 영역 설정에 관한 연구」, 『분쟁해결연구』, 10권 1호, 65~98.

송해룡·한스 페터 페터스(2001), 『위험커뮤니케이션』, 커뮤니케이션북스.

안종주(2012), 『위험증폭사회』, 궁리.

왕순주(2012), 「신종전염병 유행의 대처: 신종인플루엔자를 중심으로」, 『한국 방재학회지』, 10(1), 82~91.

우병동(2008), 「뉴스보도의 객관성 문제: 최근 광우병 사태의 보도 태도를 중심으로」, 한국언론학회 <진단과 대안 9> 광우병 파동에서 나타난 언론의 자유와 한계 긴급 대토론회 발제문.

이규수·김윤신·송재철·최성호·송주현·안동현·홍승철(2007), 「전기장판에서 발생하는 전자파노출이 뇌파 및 심전도에 미치는 영향에 관한 연구」, 『대한보건연구』, 33권 1호, 78~85.

이상팔(1995), 「지역주민의 위험정책 수용에 관한 연구」, 고려대 박사논문.

이영희(1997), 「과학기술 대중화의 새로운 모델: 시민참여를 중심으로」, 『한국정책학회보』, 제6권 1호.

이재열(1998), 「대형사고와 위험: 일상화된 비정상성」, 『계간사상』, 가을호.

이정춘(1998), 『커뮤니케이션 사회학 세미나』, 중앙출판문화원.

이준웅(2000), 「프레임, 해석, 그리고 커뮤니케이션 효과」, 『언론과 사회』, 제29호, 85~152.

이진로(2011), 「일본 후쿠시마 원자력발전소 사고에 관한 사회적 소통의 문제점과 개선 방향」, 한국소통학회 2011년 춘계 정기학술대회 발표자료.

임현진 등(1997), 「신체적, 심리적 안전과 삶의 질」, 『한국인구학』, 20(1), 161~199.

장순흥(2011), 「일본원전사태의 문제와 교훈」, 제23회 대덕이노폴리스포럼 발표문.

장영민·조영관(1993), 『컴퓨터 범죄에 관한 연구』, 한국형사정책연구원.

전병율(2009), 「전염병 추이와 전망」, 『한국관광정책』, 38(겨울), 34~41.

전영평·박기묵·최병성·최장원(2003), 「유전자변형생산물 수용에 대한 위험인지와 규제정책의 국가 간 비교 연구」, 『2003년도 한국행정학회 동계학술대회 발표논문집』, 183~201.

전진호(2011), 「포스트 후쿠시마와 한국」, 『정세와 정책』, 2011년 7월호, 통권 제183호.

정근모·이공래(2001), 『과학기술 위험과 통제시스템』, 한국과학기술정책연구원.

정보통신부 전파연구소(2006), "생활 속의 전자파 얼마나 알고 계십니까?".

차용진(2007), 「위험인식과 위험분석의 정책적 함의: 수도권 일반주민을 중심으로」, 『한국정책학보』, 16권 1호, 97~113.

최병목(2001), 「정보사회의 윤리의식 변화와 사회적 대응」, 초고속 인터넷시 대와 정보통신윤리의 방향 세미나 자료, 정보통신윤리위원회.

프랜시스 후쿠야마, 구승희 역(1996), 『트러스트-사회도덕과 번영의 창조』, 한국경제신문사.

한상진(1998), 「왜 위험사회인가?」, 『계간사상』, 가을호, 3~25.

한세억(2001), 「정보사회의 윤리적 재조명과 의미」, 정보통신윤리학회 발표논문.

행정안전부·중앙안전대책본부(2011), 『구제역 중앙안전대책본부 운영백서.』

한국원자력안전기술원(2011), 『원자력 위기관리 커뮤니케이션 실태조사 및 분석』.

한국원자력안전기술원(2008), 『원자력 리스크 커뮤니케이션 환경 및 프로세 스 분석』.

환경부(2005), 『환경오염질환 모니터링을 통한 위해성 관리방안 연구』.

Adam, B., Beck, U., & Loon, J. V.(2000), *The Risk Society and Beyond*, London: Sage Publications Ltd.

Aidan Cockburn(1983), *The Evolution and Eradication of Infectious Diseases*, Greenwood Press.

Bakir, V.(2006), Policy Agenda Setting and Risk Communication: Greenpeace, Shell, and Issues of Trust, *Harvard International Journal of Press/Politics*, 11, 67~88.

Beck, U.(1992), *Risk Society*, London: SAGE, 홍성태 역(1997), 『위험사 회』, 새물결.

Bennet, P.(2001), Understanding responses to risk, in Bennet, P. and Calman, K.(ed), *Risk communication and public health*, Oxford medical publications.

Cohen, A., Adoni, H., & Bantz, C.(1990), *Social Conflict and Television News*, London: Sage Publications.

Collins, H. M.(1987), Certainty and the Public Understanding of Science: Science on Television, *Social Studies of Science*, Vol. 17.

Covello, V., von Winterfeldt, and Slovic, P.(1986), Risk Communication: A Review of the Literature, *Risk Abstracts*, 3, 4.

Cutter(1993), *Living with Risk: The Geography of Technological Hazards*, Edwards arnold.

Davis, T. C., Fredrickson, D. D., Kennen, E. M., Humiston, S. G., Arnold, C. L., Quinlin, M. S., & Bocchini, Jr. J. A.(2006), Vaccine Risk/Benefit Communication: Effect of an Educational Package for Public Health Nurses, *Health Education & Behavior*, 33, 787~801.

Edwards, A., Hood, K., Matthews, E., Russell, D., Russell, I., Barker, J., Bloor, M., Burnard, P., Covey, J., Pill, R., Wilkinson, C., & Stott, N.(2000), The Effectiveness of One-to-one Risk-communication Interventions in Health Care: A Systematic Review, *Medical Decision Making*, 20, 290~297.

Edwards, A. & Elwyn, G.(1999), How Should Effectiveness of Risk Communication to Aid Patients' Decisions Be Judged?: A Review of the Literature, *Medical Decision Making*, 19: 428~434.

Environmental Protection Agency(1988), *Seven Cardinal Rule of Risk Communication*, Washington, 1988.

Fiske, J. & Hartely, J.(1978), *Reading Television*, London: Methuen.

Flynn, J., Slovic, P., & Kunreuther, H.(eds. 2001), *Risk, Media and Stigma*, UK; Earthscan Publications Ltd.

Freimuth, V. S., Hilyard, K. M., Barge, J. K., & Sokler, L. A.(2006), Action, Not Talk: A Simulation of Risk Communication During the First Hours of a Pandemic, *Health Promotion Practice*, 9, 35~44.

Gerrard, S.(2001), Learning from experience: the need for systematic evaluation methods, in Bennet, P. and Calman, K.(ed), *Risk communication and public health*, Oxford medical publications.

Giddens, A.(1994), *The Consequence of Modernity*, Stanford: Stanford University Press.

Gitlin, T.(1980), *The Whole World Is Watching: Mass Media in the Making and Unmaking of the New Left*, Berkely: University of California.

Gramling, R. E. & Vidrine, J. I.(2007), Risk Communication During Screening for Genomic Breast Cancer Susceptibility, *American Journal of Lifestyle Medicine*, 1, 54~58.

Gregory, J. & Miller, S.(1998), *Science in Public Communication, Culture and Credibility*, New York: Plenum.

Green, E., Short, S. D., Raquel Duarte-Davidson, and Levy, L. S.(2001),

Public and professional perceptions of environmental and health risks, in Bennet, P. and Calman, K.(ed), *Risk communication and public health,* Oxford medical publications.

Gurmankin, A. D., Baron, J., & Armstrong, K.(2004), The Effect of Numerical Statements of Risk on Trust and Comfort with Hypothetical Physician Risk Communication, *Medical Decision Making,* 24, 265~271.

Helene Joffe(1999), Risk and 'The Other', Cambridge University Press.

Hilton, N. Z., Carter, A. M., Harris, G. T., & Sharpe, A. J. B.(2008), Does Using Nonnumerical Terms to Describe Risk Aid Violence Risk Communication?: Clinician Agreement and Decision Making, *Journal of Interpersonal Violence,* 23, 171~188.

Jerome, Fred(1986), Check it out, Journalists communicating about risk, *Technology Society,* 4.

John R. Durant, Geoffrey A. Evans and Geoffrey P. Thomas(1989), The Public Understanding of Science, Nature, July.

Jones, D. K. C.(1993), Environmental hazards in the 1960s, *Geography,* Vol. 78(339), 161~165.

Hardy, K.(2011), WWWMDs: Cyber-attacks against infrastructure in domestic anti-terror lows, *Computer Law & Security Review,* 27(2), 152~161.

Heath, R. L. & Gay C. D.(1997), Risk Communication: Involvement, Uncertainty, and Control's Effect on Information Scanning and Monitoring by Expert Stakeholders, *Management Communication Quarterly,* 10, 342~372.

Keeney, Ralph L. & Detlopvon Winterfeldt(1986), Improving risk communication, *Risk Analysis,* 4.

Marchi, B. D. & Haastrup, P.(1994), Risk Communication and Transport of Dangerous Goods: Extending Experiences from Industrial Installations in The European Community, *Organization & Environment,* 8, 205~226.

Mileti, D. S. and Fitzpatrick, C.(1991), Communication of Public Risk; Its Theory and its Application, *Social Practice Review,* Vol 2.

Minogue, K.(1998), *The Silencing of Society: The True Cost of the Lust for News,* London: Social Affairs Unit.

O'Doherty, K.(2006), Risk Communication in Genetic Counselling: A Discursive Approach to Probability, *Theory & Psychology*, 16, 225~256.

Pidgeon, N., Henwood, K., and Maguire, B.(2001), Public health communication and the social amplication of risks: present knowledge and future prospects, in Bennet, P. and Calman, K.(eds), *Risk communication and public health*, Oxford medical publications.

Renn, O.(2003), Hormesis and risk communication, *Human and Experimental Toxicology*, 22, 3~24.

Schapira, M. M., Nattinger, A. B., & McHorney, C. A.(2001), Frequency or Probability? A Qualitative Study of Risk Communication Formats Used in Health Care, *Medical Decision Making*, 21, 459~467.

Scott, A. Risk Society or Angst Society?, in Adam, B., Beck, U., and Loon, J. V.(2000), *The Risk Society and Beyond*, London: Sage Publications Ltd.

Selven, J.(2000), *Internet and Society*, Polity Press.

Singer, E. & Endreny, P, M.(1993), *Reporting on Risk*, New York; Russell Sage Foundation.

Slovic(1987), Perception of risk, *Science*, 236.

Spinello, R. A.(1995), *Ethical Aspects of Information Technology*, Boston College Press.

Thomas P. H.(1983), *Networks of Power: Electrification in Western Society*, Baltimore.

Taig, T.(2001), Risk communication in government and the private sector: wider observations, in Bennet, P. and Calman, K.(eds), *Risk communication and public health*, Oxford medical publications.

Trettin, L. & Musham, C.(2000), Is Trust a Realistic Goal of Environmental Risk Communication?, *Environment and Behavior*, 32, 410~426.

Valenti, J. & Wilkins, L.(1995), An ethical risk communication protocol for science and mass communication, *Public Understanding of Science*, 4, 177~194.

송해룡

성균관대학교 신문방송학과에서 석사학위를 받고, 독일 뮌스터대학교에서 언론학 박사학위를 받았다. 원광대학교 교수, KAIST 대우교수를 거쳐 현재 성균관대학교 신문방송학과 교수로 재직 중이다. 성균관대학교 학생처장, 언론정보대학원장을 지냈으며, 한국방송학회 회장을 역임하였다.

『위험거버넌스와 위험커뮤니케이션』(2013), 『위험커뮤니케이션의 이론과 실제』(2013, 공저), 『위험커뮤니케이션 미디어와 공론장』(2012), 『미디어 비즈니스 시장과 생태계』(2010), 『미디어 스포츠의 파워』(2009), 『위험 인지와 위험커뮤니케이션』(2009, 공저), 『미디어 2.0과 콘텐츠 생태계 패러다임』(2009), 『리스크 커뮤니케이션과 위기관리 전략』(2008, 공저), 『나노와 멋진 미시세계: 나노기술의 희망과 위험』(2007, 공저), 『디지털미디어 길라잡이』(2007, 공저), 『대한민국은 지금 체험지향사회』(2006, 공저), 『휴대전화 전자파의 위험』(2006, 공저), 『위험보도』(2006, 공역), 『위험보도와 매스커뮤니케이션』(2005, 공저), 『위험커뮤니케이션과 위험수용』(2005, 공편), 『미디어스포츠』(2004, 역), 『디지털미디어 서비스 그리고 콘텐츠』(2003), 『위험보도론』(2003, 역), 『스포츠 미디어를 만나다』(2003), 『위험커뮤니케이션』(2001) 등 다수의 저서와 논문이 있다.

김원제

중앙대학교 대학원에서 언론학 식사학위를 받았고, 성균관대학교 대학원에서 언론학 박사학위를 받았다. 현재 (주)유플러스연구소 연구소장(대표이사), 성균관대학교 겸임교수로 재직 중이며, 한국문화콘텐츠기술학회 부회장을 맡고 있다.

저서로는 『위험커뮤니케이션의 이론과 실제』(2013, 공저), 『구텐베르크의 귀환: 출판문화의 re-르네상스를 위한 성찰』(2012, 공저, 문화체육관광부 우수학술도서), 『스마트 미디어 콘텐츠 인사이트』(2011, 공저), 『전자책 빅뱅』(2010, 공저), 『콘텐츠 실크로드 미디어 오디세이』(2009, 문화체육관광부 우수교양도서), 『위험 인지와 위험 커뮤니케이션』(2009, 공저), 『리스크 커뮤니케이션과 위기관리 전략』(2008, 공저), 『디지털미디어 길라잡이』(2007, 공저), 『퓨전테크 그리고 퓨전비즈』(2007, 문화체육관광부 우수교양도서), 『위험보도』(2006, 공저), 『스포츠코리아』(2006), 『문화콘텐츠 블루오션』(2005, 공저), 『미디어스포츠 사회학』(2005) 등이 있다.

과학기술부장관상(2004), 문화관광부장관상(2005), 방송통신위원회 위원장 표창(2009) 등을 수상했다.

한국사회 위험특성과
한국인의 위험인식 스펙트럼

초판인쇄 2014년 5월 21일
초판발행 2014년 5월 21일

지은이 송해룡·김원제
펴낸이 채종준
펴낸곳 한국학술정보㈜
주소 경기도 파주시 회동길 230(문발동)
전화 031) 908-3181(대표)
팩스 031) 908-3189
홈페이지 http://ebook.kstudy.com
전자우편 출판사업부 publish@kstudy.com
등록 제일산-115호(2000. 6. 19)

ISBN 978-89-268-6219-3 93070